ガンバらないからカッコいい

35歳からのおしゃれ術

藤巻英治

Eiji Fujimaki

彩図社

はじめに

みなさんはじめまして。僕はかれこれ約18年間ファッション誌をつくる仕事をしてきました。若い人たち向けの着こなしの教科書、スーツ指南書、髪型カタログ、ショップ案内、そして大人向けファッション・ライフスタイル誌など、対象年齢からスタイルの方向性まで、さまざまなタイプの雑誌を作ってきました。

日々いろんな洋服に触れるなかで、ひとつわかったことがあります。

それは**「おしゃれは頑張れば頑張るほどダサくなる」**ということです。

世の中のたいていのものは、頑張れば頑張るほどうまくなりますね。上達します。野球だってキャッチボールすればコントロールはよくなるし、サッカーだって毎日リフティングすれば回数は増えていくでしょう。勉強だって幾度かのスランプはあるにせよ、全体でみれば右肩上がりの曲線を描くでしょう。

しかし、おしゃれは違います。

どうやらおしゃれは「頑張れば頑張るほど」ダサくなるようです。

断っておきますが、ここでいうのは**おおむね35歳以上、つまり〝オッサン〟の話**です。若い人はまた別です。若い人はいわゆる「ガンバったおしゃれ」でもサマになるのです。たとえアクセをジャラジャラつけていようが、ぶっ飛んだ色に髪を染めようが、とんでもなく丈の長いアウターを着ていようが、彼らにはハマってしまいます。

ですが残念ながら、オッサンは真逆です。**おしゃれを頑張れば頑張るほど、イタい感じになっていく**のです。仮に、先にあげた3つをオッサンがやっていると想像してみてください。ほら、イタいでしょう。

つまり、若い人を目指してはいけません。もう彼らにはなれないのです。オッサンは若者に迎合した瞬間、とてつもなくダサい存在になるのです。でも、残念がる必要はありません。

なぜなら、今の時代は、ありがたいことに「オッサンがカッコいい」時代だからです。今は若い子らもこぞって「大人っぽい」カッコを目指しています。書店に足を運べばファッション誌はオッサン向けだらけ。出てくるモデルたちもオッサン花盛りです。若い人たちが背伸びしてそれを目指しているという、何ともおかしな状況ですが、これが現実です。

だから後ろを向くのではなく前を向く。真の〝オッサン流〟をめざすのです。**その流儀を一言でいえば「ガンバらない」ということ**です。

どういうことかというと、「おしゃれファーストにならない」ということです。オッサンがファッション第一主義ではいけないのです。

他の何よりも優先してファッションがくる大人は「おしゃれを頑張ってる」人です。そういう人はいつのまにか過剰になってしまってるものです。まわりに「おしゃれでしょ」と思われたいがために肩に力が入ります。

この肩に入った力が、余裕のなさを生みます。**おしゃれはもっと何気ないものです。**ガチガチに気負って頑張りまくったおしゃれはそのイタさもさることながら、「いい年した大人が他にやることないの」っていう視線を集めることにもつながってしまうのです。

そもそも、年中ファッションばかり頑張っているオッサンって、そんなにカッコいいですか？　どこか薄っぺらいし、微妙ですよね。そうなんです。オッサンはもっと他に好きなこと、打ち込んでるもの、熱中してハマってるものがあってしかるべきなのです。それこそがオッサンを輝かせるのです。

それはなんでもいいのです。心底好きで、みずからハマっているものならば。

クルマでも、写真でも、絵画でも、サーフィンでも、ランニングでも、釣りでも、料理でも、バイクでのツーリングでも、楽器を弾くことでも。何でも。

そういう夢中になることがまず第一にあって、おしゃれは2番目か3番目あたりにある。そういう大人こそがいい感じに映るのです。おしゃれが10番目とかだとちょっと後ろすぎます。前すぎず後ろすぎない、このバランスが肝心です。

ファッションはあくまでも**好きなことをサポートする補助的役割であり、好きなことを表現できるアイコン的役割でもある。**それくらいのスタンスがいいのです。

自転車に乗るのが好きだから動きやすいパンツをはく。海が好きだから波モチーフのTシャツを着る。そういうことなんじゃないですかね、35歳以上のおしゃれの目指すところって。


で、そういうことが書かれている本がなかったので、僕が書きました。

「頑張れば頑張るほどダサくなる」という負のスパイラル、おしゃれパラドックスに陥らないために、どうすればいいかを具体的にみていきましょう。

まあ「ガンバらない」が念頭にある本なので、前から順番に真剣に読む必要はまったくありません。気になる項目だけつまみ読みしてもいいし、とばしてもいいし、後ろからでもいい。それこそ自由にテキトーに「ガンバらない」で読んでもらえたらと思います。

心構え的なメンタル面から、選び方、合わせ方、具体的なブランド名やアイテム名まで踏み込んで書いたつもりです。自分的にしっくりくるな、って納得できる部分を取り入れてもらえたら嬉しいです。

若い人とはやっぱりおしゃれの方向性が違うし、現実的にスキニーパンツとかやっぱり体型的に厳しかったりするじゃないですか。若い人向けの指南書はあっても、それをまんま35歳以上に適用するとヤケドしちゃうと思うんです。**オッサンにはオッサンのやり方がある。**じゃあどうすりゃいいのよ、っていう素朴なギモンにこたえたのが本書です。

オッサンがもっとカッコよくなれば、オッサンの地位がさらに向上して、オッサンがもっと生きやすくなるんじゃないですかね。

そんなわけで、ちょっとでも皆さんの参考になれば望外の喜びです。

ガンバらないからカッコいい　35歳からのおしゃれ術　目次

【第１章】
オッサンが輝くシャツ・インナー着こなし術——15
アウター脱いでる時間のほうが長いから

【第2章】

数を絞り込んで、何度も着る！

失敗しないアウター選びの大原則

【第3章】

ついついおろそかにしがちだけど……

髪とヒゲでおしゃれ度は格段に上がる

【第4章】

「どれも一緒でしょ?」なんてとんでもない

じつは重要! パンツ・デニム選びの極意

【第5章】

控えめに楽しむのがコツ

オッサンが着るべき色味と柄……157

【第6章】

じわじわ効いてくる

小物スパイス的バッグ・アクセ活用術

【第7章】

気を抜くな！　意外と見られている
効果てきめん靴レベルアップ講座

◎本文イラスト　宮田翔

【第1章】

アウター脱いでる時間のほうが長いから

オッサンが輝く
シャツ・インナー着こなし術

シャツこそ、テキトーに着よう

シャツはやっぱりいいです。何たって1年中着られますからね。そして大人っぽく見えるし、着たり脱いだりもラク。**こんなスペシャルな服はなかなかありません。**

春夏はTシャツの上に軽く羽織ればいい。ニッポンの夏って冷房が効きすぎてるから実際はけっこう肌寒い場所が多い。カフェなんか最初は涼しくて気持ちいいんですが、すぐに寒くなってきます。

かくいう僕も冷え性な人で、寒いのは徹底的に苦手です。だからOLみたいに夏でもシャツを羽織ってることが多いし、たいていカバンに入れて持ち歩いてますね。丁寧に折りたたんで入れるわけでもなく、**丸めて乱暴にガバッと突っ込んでます。**

シワシワになってもいいシャツばっかりなんで、気にもなりません。てゆうか丁寧にたたんで入れないといけないような服は基本持ちたくないですね。扱いが面倒だから。

型崩れしないよう本来気を使うようなハットでも構わず折りたたんで小さくして尻ポケットに入れてたりします。

シャツは気負わず、テキトーに着るぐらいがちょうどいい。

当然フニャフニャな形になるんですが、それがまたいい味になったりするんですよ。勝手な解釈かもしれませんが。まあこのやりかたをおすすめするわけじゃありませんけど、それくらい気負わずに扱えるシャツがいい。

だって**わざわざクリーニングに出したり、アイロンあてたりしてる時間がもったいない**ですよ。そんな時間があるならもっと別な、自分が本当にやりたいことに費やしましょう。

本来服って、自分がやりたいことをフォローしてくれるためにあるものだと思います。

服が何よりも第一にくる、いわゆる「服バカ」の人も否定しません。突き抜けた服バカはむしろカッコいいと思います。

ですが、なかなかそこまでいける人はいないんじゃないですかね。ファッション業界に仕事で関わっているような人でない限り。他にもやることが多いからどうしても中途半端になっちゃう。それが一番ダメですね。

「服と心中」みたいな超絶服好きの人以外は、他のことが優先されるべきで、それが普通です。好きなことを一生懸命、無心にやってる姿がカッコいいんであって、服はあくまでそれをサポートし、引き立ててくれる役割のものなんじゃないでしょうか。

シャツであれば、たとえばアウトドア好きなら厚手でタフなネルシャツを着ましょう。DIY好きなら汚れてもアジになるワークシャツを着ましょう。

それも**丁寧に着るのでなく、気にせず着る**。同じのをしょっちゅう着る。「これがやっぱり一番だからこればっかし着ちゃう」みたいな雰囲気を醸しましょう。

どうもシャツはカッチリ着るものだっていう先入観が未だにある人が多いみたいです。スーツスタイルのイメージからかもしれませんが、普段着のシャツは別物と考えてください。

スーツのシャツは全然違いますよ。これはカッチリ着ないとだめ。

スーツはガチガチのルールがある世界です。あくまでそれを忠実に守った上で、さりげない自己表現で勝負する世界です。スーツはカジュアルとは真逆で**「しっかりガンバらないといけない。ちゃんとやらないといけない」世界**です。スーツのことに触れ出すとそれこそ1冊ぶんになっちゃうのでここでは扱いません。ここでいうのはあくまで普段着での話です。

シャツは上品系とラフ系で全然違う

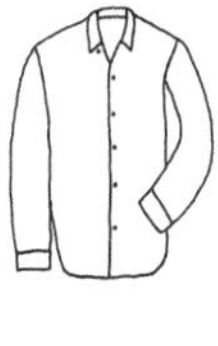

いわゆるスーツの下に着る、俗に言うワイシャツ的な薄手の上品系シャツだとテキトーに着にくいです。というか**テキトーに着るとサマになりません**。

上品シャツはカラダにフィットするようにシェイプされていることが多いですし、パンツにイン前提でデザインされているので後ろがかなり長かったりします。これはスーツやジャケパンスタイルだと座ってもシャツが出ないので重宝するのですが、普段テキトーに着るシャツにはそぐわないです。できるだけ何も考えずに着られてカッコいいシャツを選びましょう。

では、どんなシャツがいいのかというと、たとえば**厚手のオックスフォード地**です。

これは優れモノです。ガンガン着込んでも、どこか上品な雰囲気を醸し出してくれますし、丈夫だし、どんな服にも合います。とりあえずシャツで迷ったらコレ選んでおきましょう。

あらゆるブランドからリリースされているので、お好みで選べばいいと思います。**まずはベーシックな白か薄青あたりをチョイス**するのが得策でしょう。

無理して高いのを買わないでもいいと思います。メジャーなセレクトショップのオリジナルだって全然ありだと思います。こういうクラシックな定番アイテムに関してはどこも一定以上のプライドを持って作る傾向があるので、値段以上にちゃんとしてることが多いです。

たとえば**〈マウンテンリサーチ〉**のシャツならすごく厚手のオックス地のがあったりするので、テキトーにガンガン着る目的にぴったりです。そのままキャンプでも着ていけます。分厚いので白くてもまったく透けませんし、個人的に好きなプルオーバーシャツタイプがあるのも嬉しい。かぶりのシャツはどこでもあるわけじゃないので。

あとは**〈サイベーシックス〉**のも着やすいですね。いずれにせよ、**バンバン着てバンバン洗う。これが大事です。**洗えば洗うほど自分の体に馴染んでいい風合いになるのもこのシャツの特徴です。生地の絶妙なクタリ感が出てきます。「育てる服」といえばデニム生地を想像する人が多いでしょうが、どうしてなかなかオックスフォード地のシャツだって負けてません。

あとはラフに着られるといえば、**ウエスタンシャツ**をお勧めします。別に今流行っているわけじゃないんで意外かもしれませんが、かなり使えます。

何がいいかっていうとそれはもう単純で、フロントがスナップボタンになってるから。これに尽きます。とにかくラクなんですよ。**脱ぐときだってバリバリバリッて一気にいけるし。**この快感は他では得られないものです。

オックスとウエスタン、この2つのシャツは迷ったら買って損なしです。

袖はどんどんまくろう、ただし雑に

シャツのいいところはまだあります。**袖をまくってもサマになるところです。**

カジュアルなシャツなんて袖のシワとか気にせずバンバンまくればいいんですよ。しょせん服ですから。シワもアジです。

袖をフルに伸ばして着てるとちょっとマジメすぎエキスがでちゃいます。なので、特にまくる必要はなくても、あれこれ考えずとりあえずまくっときましょう。

ただし、キチンと折り曲げちゃうのはだめ。こういう人けっこう見かけます。カフの幅できっちり几帳面に折り畳んでる人。たぶんA型なんでしょうね。

確かに崩れにくかったりしてメリットもありますが、単純に見た目がカタすぎます。公務員ぽい。グルグルっと無造作にまくるのです。肘のあたりまで。

あまり上までいきすぎるのはよくないです。**理想は肘のちょい下あたり。**

あえて少なめに、ちょこっと2回くらいだけクルクルってやる程度にとどめておくのも、それはそれでアリです。**これで俗にいう「こなれ感」てのがドバドバ出ます。**

男らしさを強調したいならちょっと多めにまくってもいいかもしれません。そのあたりはその人のキャラによっても違ってきます。

剣ボロと呼ばれる、袖のパカっと開く部分についているボタン、通称ガントレットボタンを留めたままにするか外すかもキモになってきます。

腕が太い人はこのボタンを留めたままだとまくりにくいので外しましょう。シャツの袖自体がかなり細い場合も同様です。

逆に腕が細かったり、袖に余裕があるときはこのボタンを外さずにつけたままにしといたほうが、ガバガバにならずにうまくまくれます。

アウターを着てるときはシャツ袖を伸ばして着ていても、**室内に入ってアウターを脱いでシャツがメインになったら、おもむろにまくる。**この一連の動作をさりげなく実行できればカッコいいオッサンへの第一歩を踏み出したといえるでしょう。

夏だったら半袖っていう手もあるけれど、シャツはどっちかっていうと**オールシーズン長袖のほうがいい**んじゃないですかね。

アロハシャツとかキューバシャツとか、半袖デフォルトのやつはもちろん別ですが、こういうのは基本夏しか着られないから、コスパ的にはちょっと微妙かなと。でも夏限定で買う余裕ある人はぜひ。確かに**〈レインスプーナー〉**とか定期的に着たくなる気持ちもわかります。

持っとくと重宝、削ぎ落とし系ミリシャツ

「ガンバらない」目線で選ぶシャツとは、シワになってもいい、多少汚れてもいい、どんなカッコにも合うものです。

そういう意味では**ミリタリーシャツはかなり使えます**。おおよそすべてを満たしますから。

そもそも軍モノなのでタフさは折り紙つき。着ていないときは椅子の背もたれにかけておいてもいいし、ソファに放り投げておいてもOKです。

生地自体が厚手なので、そうそうしわくちゃになりません。洗濯機であらって、パンパンとのばして、天日で干しておけばそれで十分いい感じになります。

汚れに関してはもう無敵ですね。ちょっとコーヒーこぼそうが、タバコの灰が落ちようが、ケチャップが飛ぼうが、すべて我が歴史の偉大な足跡、勲章ととらえましょう。このノリが許されるのはミリシャツとワークシャツくらいのもんです。

そう言う意味ではデニムシャツと同様、ミリシャツは育てがいのあるアイテムです。

いいモノには2種類あって、ひとつは**買った瞬間が一番かっこよくて価値があるもの**。最先端の流行をとらえたモード服やクルマのニューモデル、iPhone最新版なんかがこれにあたります。要するに人に「お前早いなー」と羨ましがられるものですね。

それに対し、買ったときはそれほどでもなくても、使ううちに格好よさがだんだん上がっていくものもあります。代表格がデニムとかレザーとか。まあいわゆる**アジがどんどん出て〝育つ〟アイテム**ですね。

作りのしっかりしたシルバーアクセなんかもそうですね。買った当初はピカピカすぎてイマイチですが、つけているうちに酸化して黒ずんできて、落ち着いた存在感を放つようになります。ブーツ系もそうですね。**〈レッドウィング〉**とか**〈ホワイツ〉**とか**〈ウエスコ〉**とか。ピカピカはどうにもイケてません。ガンガン使い込みたいアイテムです。ファッションアイテム以外でいえば、たとえばログハウスとかそうでしょうね。年月を経るうちに木がいい感じにまわりの自然と調和して、風格が漂ってきます。それに対し、普通の建売り住宅は買った瞬間、新品のときが一番かもしれません。こんな風に同じ〝いいモノ〟でも真逆の曲線を描くのです。

どっちがいいかは人それぞれですが、僕は育てたいかな。そのほうが長く楽しめるから。

ミリシャツは着るほどによくなっていくアイテムです。汚れと洗濯を繰り返すことで、より自分好みの1着になっていく。軽めのアウター的な扱いにも対応できるし、シンプルなコート

アウター風に着てもサマになるミリタリーシャツ。ワッペンでゴテゴテしすぎてないシンプルなやつを選んだほうが着回しが利きます。

の下に合わせてもアクセントになる。デニシャツだとジーンズに合わせにくいという欠点があるけど、ミリシャツならそれもない。**難点はカーゴパンツには合わないくらい**なので、着まわし目線でもバッチリです。

そのためにはあんまりゴテゴテしてないミリシャツを選ぶといいでしょうね。けっこう派手なのも出回ってるんで避けましょう。やたらたくさんのワッペンとか刺繍とかがあしらわれてるタイプ。ちょっとワッペンがついてたり、胸ポケのあたりにさりげなく刺繍が施されているくらいなら全然いいと思いますけど。まあできることならすっきりしてたほうがミリシャツは大人っぽくみえるでしょうね。

色は定番のオリーブグリーンを選んでおけば間違いないでしょう。

フツーの白シャツこそちゃんとしたやつじゃないとバレバレ

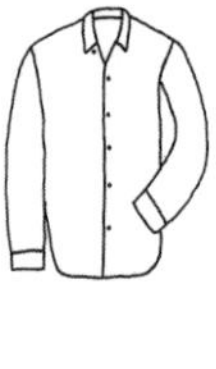

「白シャツ着ときゃなんとかなる」。そうとも言えるし、そうじゃないとも言えます。

誰もが1枚は持ってると思いますが、あまりにフツーすぎて、その先を見られちゃうアイテムでもあります。

その先っていうのは、**「どんな白シャツなの？」**ってことです。白シャツなんて白いだけだからどれでも一緒でしょ、っていうことになると、とにかく安いとこで買うのが一番ってことになります。

僕は別にファストファッション否定論者じゃないです。ただ、白シャツに限っていえばオススメしませんね。

やっぱり、違うんですよ。シンプルだからこそ浮かび上がる微妙な風合いが。

単純に**値段で言えば1・5万円あたりが分かれ目**というか、基準になるかと思います。いやいやたかが白シャツにそんなカネ勘弁してくれよ、っていう人には、せめて1万円以上のを買

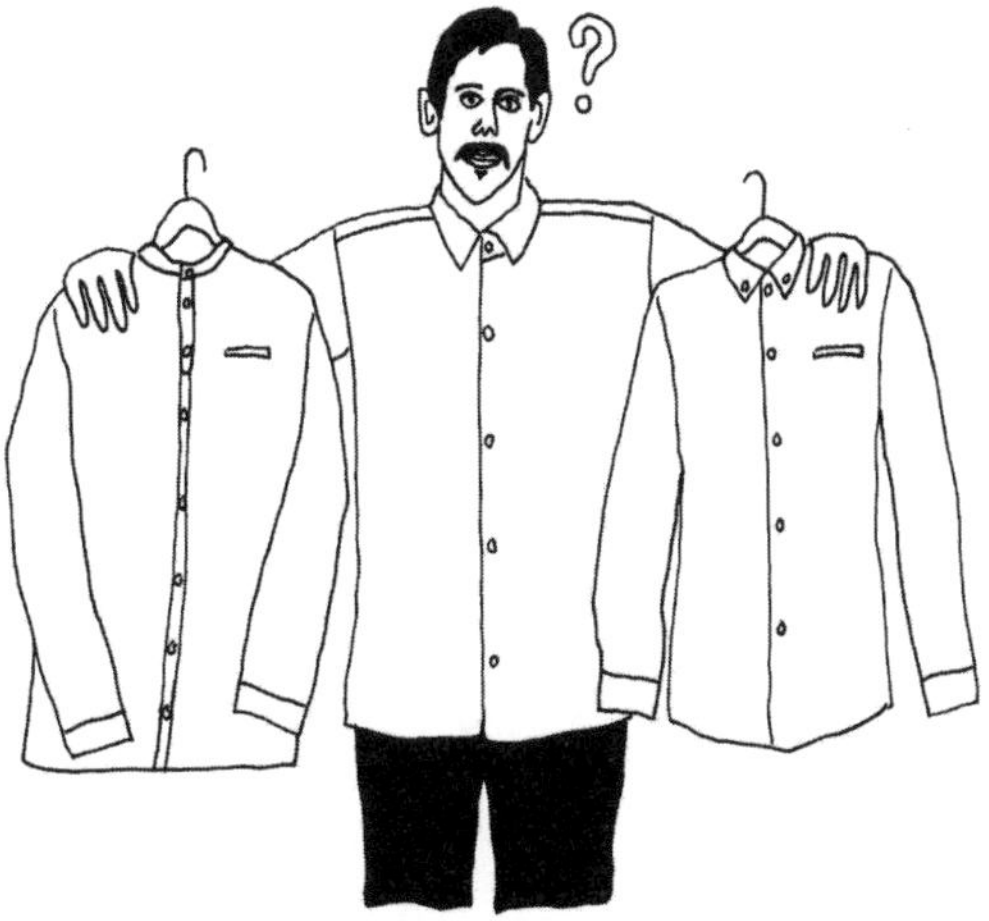

一見同じでも着てみると差が大きいのが白シャツ。
シンプルだからこそ、長く着られる〝イイモノ〟を選びたいところ。

うべきといいたい。それでも十分にいいのが探せます。

僕は**〈ヤエカ〉の白シャツ**をよく着ますが、ブランドで「絶対コレ」っていうのはありません。自分が納得のいくのを着ましょう。ピンと来るやつが必ず見つかるはずです。

きちんと考えて作られた白シャツは、着ているだけで気分がいい。これが重要でしょうね。何気ない衿の感じとか、丈の長さとか、いい白シャツはなんかイイ。そんな安いのでも同じでしょ、って思うでしょうが、どうしてなかなか実現できないんですよこの感じが。

やっぱりより多くの人をターゲットにしているアイテムだと、どうしても万人受けになっちゃうので、そのシャツ特有の「なんかイイ」が出にくくなっちゃうんでしょう。

ただの白シャツなのに1万円以上出させるブランドは、そうさせるための工夫をどこかに凝らしてます。それも、プリントとか変形とかの方向に安易にいかず、いかにシンプルなままで良さをだしていくかを突き詰めます。**その試行錯誤のアウトプットこそが白シャツ**です。まあこういうすごくこだわったアイテム作りをこと白シャツに関しては多くのブランドがやっているので、それを知るためにもぜひ着てみましょう。

ブランドの人にすごさの秘訣をきけば、素材やら縫製やらシルエットやら、語られることは山ほどあるでしょう。でもそういう理論やウンチクを深く知ってもオッサンにはあまり意味ないことです。さっさと結果、アウトプットだけありがた〜く享受するのがいいでしょう。**買って繰り返し着てみないことには永遠にその感じはわからないわけです。**自分のカラダと一体化していく感じは、少なくとも売っているときの見た目だけでは理解できないことが多い。パッと見ただけで「なんだ安いやつと同じじゃん」とならずに、ちょっと立ち止まってみましょうということです。

オッサンはお金を使うことがいろいろあって、なかなか服にまわらないって人も多いでしょう。それでいいと思います。お金はかけたいものにかけるべき。ただ白シャツだけは、ちょこっと、ほんのちょこっとだけ多めに出せばきっといい見返りがあるでしょう。

衿つきが似合う、似合わないは肩、首、顔型で決まる

何かと使い勝手のいいシャツですが、問題もなくはないです。衿問題です。**衿が似合うか、似合わないかっていうのはけっこう切実**です。

僕はどっちかっていうと衿ものより、ゆるいクルーネックとか、ヘンリーネックのほうが好きですね。

ただいちおう大人なので、ある程度はちゃんとしたカッコしないといけない場面もたまーにあったりします（あまりないですが）。「さすがにTシャツだとな……」っていうような、ちゃんとした人も世の中にはけっこういるじゃないですか。

こういう外的要因と、あとは単純にオッサンが高じてきて、最近は以前より衿つきを着ることが多くなりました。まあ多少は仕方ないですね。社会という荒波の中で生きるためには。

あと、パパッと軽く羽織ったり脱いだりできる服って、やっぱりシャツくらいじゃないですか。カーディガンもそうだと思いますけどあんまりオッサン向けじゃないんですよね。

そんなわけで衿付きのシャツをしょっちゅう着ることになるわけですが、シャツ自体、やっぱり似合う、似合わないはあります。**つまるところ衿がハマるかどうかですね。**

まず肩。なで肩すぎるとあまり似合いません。これでアナタがシャツの似合う男かどうかがわかります。**ポイントは肩、首、顔でしょう。**そんなんどんな服でもそうでしょ、と思うかもしれませんが、意外とニットなんかはなで肩でも大丈夫。あとテイラードジャケットも似合います。シャツに関してはシルエットのごまかしがきかないので、肩はしっかりあったほうがいいです。

同様に、肩幅が狭くてもイマイチです。衿だけが異様に大きく見えちゃうし、袖との切り替えのラインが落ちているのは残念です。あえてそこの位置を落として作られているドロップショルダーの服であれば別ですが。

あと、首も重要です。短すぎると亀井静香風になります。

シャツの衿から首をすっとばしてニョキッと顔がいきなり出るような感じになるので、ある程度長いほうがいいと思いますが、首が長い人はなで肩だったり肩幅狭い人が多いので、まあそのあたりはバランスでしょうね。

顔は、あまりに大きすぎると似合わないですね。衿との対比でより顔が大きく見えます。エラが張ってないほうがいい。エラの人は首回りがすっきりしてたほうがうるさくなりません。

意外と向き不向きがある衿付きのシャツ。自分を理解したうえで着ると、シャツ効果はがぜんアガるのです。

首が詰まっていると窮屈な印象になります。

「なんだ結局イケメンがいいってことでしょう。当たり前じゃん」と思われるかもしれませんが、そうでもないです。

太っている人は意外と似合いますね。なので首が太めでも似合います。こういう人は衿なしだとラフすぎちゃってだらしなく見えるので、衿はあったほうがいい。

かくいう僕もシャツは似合わないです。衿がどうも自分に合わない。

でもそれと着るかどうかは別問題。なのでみなさんも似合わなくても全然着ればいいんです。

似合わないけど着たい服ってあるじゃないですか。身も蓋もない結論ですが、似合うか似合わないかなんて、着続けていればそのうち気にならなくなりますよ。

夏はリネン、冬は厚ネル

暑い時期と寒い時期では、着るシャツも変わります。

やっぱり**夏はリネン素材がいい**ですよ。シャリシャリした素材感でベタベタしないから最高です。パッと羽織ったり、脱いだりするのにも適してます。もともと張りがあってシワがよってもアジになるので、雑に扱っても全然OKだったりします。

しかもTシャツ1枚よりずっと大人っぽい。やっぱりいいオッサンになるとだんだんTシャツの似合わない体型になってくる。がっつり鍛え上げてればまだ勝負できるでしょうが、すぐにってわけにもいかない。年齢を重ねるとはそういうことです。おじいちゃんがTシャツ1枚でウロウロしてたらどこか微妙じゃないですか。でもシャツを着てさえいればさほど悪くない。僕たちはそういう存在に刻々と近づいていってるってことです。

体型や皮膚感がどうしてもだらしなくなっていく。それは自然の摂理で致し方ないことなので、そこは服でカバーしましょう。**夏だと暑苦しくない方法でカバーしたい。そのベストな答えがリネン素材のシャツ**ってことです。

対して寒い時期。これはもう分厚いシャツ着るしかないでしょう。**ネルシャツ着とけばいいのです。**

ただ、ネルシャツには落とし穴があります。それはアキバっぽくならないよう注意しないといけないってこと。

大人ファッションには2つの大きな落とし穴があって、1つめがギャル男風になっちゃうこと、そして2つめがこのオタク風になることです。

ネルシャツはそこに至るリスクをめちゃくちゃ秘めているアイテムです。ガンバらないおしゃれを目指すオッサンにとってネルシャツは心強い味方なんですが、ひとたび気を抜けば飼い主にも牙をむきます。ではどうすれば回避できるか。それは**しっかりした厚手のものを選ぶ**ってことです。

薄手のネルシャツは変なシワも寄りやすいし、安っぽさを漂わせます。もともとアメカジ一直線なアイテムなので、彼らが着る感じをイメージしながら、服というより道具の感覚で選びましょう。

僕は**〈スタンダードカリフォルニア〉のネルシャツ**をよく着ますが、ものすごく分厚いです。ほんとにアメリカの古着みたい。

ちょっと分厚すぎるくらいなので、クタらせたいので僕はガンガン洗濯します。

着ては洗いを繰り返す。そうするうちに適度にヘタってきます。全体にギュッと詰まった感じになりながらも、柔らかさが生まれてくる。直線的だった服が丸みを帯びてくる。**こうなったら着ていてもオタク風になりません。**

あとは合わせる服ですね。デニムと合わせるのが本来のセオリーでしょうが、僕はあまりおすすめしません。こういう**超王道スタイルって元がカッコいい人でないと難しい**んですよ。日本人はすらっとしてない体型の人が多いから似合いにくい。

逆にいえば、ネルシャツにジーンズがバッチリはまる人は何着ても大丈夫な人です。白Tにデニムの吉田栄作スタイルが簡単じゃないのと同様です。

ではどうすればいいか。**僕はチノパンと合わせます。色は定番のベージュじゃなくて黒かネイビー**ですね。

ネルシャツは赤だったり黄色だったり、けっこう明るい色が多いから、ベージュのパンツだとちょっと全体に明るすぎるんですよ。**上が明るいなら下で締めるのが鉄則**です。

こうすればだいたいいい感じになります。ネルシャツの中には白Tを着ましょう。ここで変な自己主張はやめときましょう。無地の白がいいです。

夏は薄手リネン、冬は厚手のネルでカンペキです。ただし、モノの選び方と合わせ方のルールは覚えておくと役に立つでしょう。

シャツばっか着てるやつ、の称号は名誉

とかく便利なシャツなので、おのずと着る機会も多くなるでしょう。それでいいです。自分の気持ちに正直に、こればっか着ましょう。

僕たちは服をガンバらないオッサンなので、**シャツばっかり着てればいい**んですよ。別にニットをガンガン着てもいいんですよ。ただ、ニットは汚れが目立ちます。洗いにくいです。だから丁寧に着ないとっていう意識がどうしても働きます。服のために行動を制限されるのは僕らの本意ではありません。

カーディガンもありますが、あれは難しい。若い人や女子は似合いますが、歳いってるとゴルフオヤジになる可能性が高いです。

となるとやっぱりシャツが便利です。ラフなシャツばっか着てる大人でいーんです！

少数のお気に入りシャツばかり着ていれば服を置く場所をとらないから部屋が広くなる。毎日悩まなくていい、だらしなくない、着込むことで服自体もどんどんカッコよくなっていく、といいことずくめです。

定番でシンプルなシャツなら、ずーっと着られます。別に常に最新トレンドを追いかける人になろうってわけじゃないので長く着られれば着られるほどいいのです。

時代はエコです。ほんの1シーズンしか着られない服を着て、どんどん捨ててみたいな生活はきょうびイケてないでしょう。

たとえば〈**ブルックス ブラザーズ**〉を例にあげましょう。**ボタンダウンシャツ**（ブルックス的には**ポロカラーシャツ**）を生み出したのが1896年。以来長年シャツを作り続けています。こういうずっと着られてきた歴史あるブランドは、その考え方でいくとこれからもずっと着られていくでしょう。100年着られてきたブランドはこれから先100年もおそらく着られていくと考えるのが自然です。

こういうシャツをずっと着るのが環境的にも自分的にも正しいのです。いわば実用服なので、値段だって適正です。

ブルックスもいいし、〈**ラルフ ローレン**〉も間違いないですね。〈**インディビジュアライズドシャツ**〉も丁寧な作りが表れています。

毎日シャツ野郎と呼ばれても日和る必要まったくなし。お気に入りのシャツは着ない日もカバンにぶっこんどいて、着たくなったらプラスオンで着るようにすればいい。ギュッとつめ込めばそんなに場所とらないですよ。

寒い時期もじつはアウター脱いで、インナーでいる時間のほうが長い

結論からいうと、**アウターよりもインナーのほうが重要**なのです。カフェや職場など、思いのほかインナーでいる時間って長いもの。だからアウター着てトータルで完成されたスタイルでも、いざアウター脱いだら微妙、なんてことがしばしば起こるのです。

確かにアウターはプロダクトとして単純に魅力的ですからね。そこに力入れたくなるのもわかります。ショップでいい感じのアウターがあるとつい欲しくなりますよね。それに対してインナーは〝脇役感〟がある。それだけで成立する存在感というよりどこか部品っぽさがあって、アウターの魅力には劣るでしょう。

でも**アウターはせいぜい3着もあれば十分**でしょう。それ以上の予算があればインナーに回すべきです。アウター1着買うお金で、インナー3着くらいいけるはずですから。

シャツ2着買って、あと1着を好きなの買うのがいいでしょう。ニット、カットソー、Tシャツ、パーカ、スウェット、ベスト、ロンT……よりどりみどりです。

実用も大事ですが、好きなのを着るってことも同じくらい大事です。この2つがうまく両立するのが理想なのです。

それこそスノボやサーフィンが好きな横乗りなオッサンならやっぱりスウェットやパーカが優先順位の上位にあがってくるでしょう。

落ち着いて絵を描いたり、本を読んだりするのが好きなら柔らかなニットが候補になるかもしれませんね。

アウトドア好きなら、ポケットのたくさんついた機能的なベストが欲しくなるかも。

自分の日々の好きなものを投影できるようなインナーがあれば、それがその人らしさになります。そうじゃないとみんな一緒になっちゃうから。

アウターは値段が高いから失敗したくないのでどうしてもちょっと保守的な選択になるのは致し方ありません。**そのぶん冒険できるのがインナーです。**

これまで着てこなかった色、柄、素材、シルエットはインナーで試しましょう。「意外とこれいけるじゃん」ってなれば、自分のレパートリーが一つ増えます。

失敗してもまあそんなに高くないし、ご近所限定、つまり自分専用ワンマイルウエアに格下げするって方法もあります。インナーは着る機会が多いのでどうとでもなります。

ファッションを無理してガンバる必要はありません。自分が楽しいにこしたことはないです。

パーカのフード出しは制限も多い

僕が昔からずっと好きなアイテムのひとつに、**スウェットパーカ**があります。

正直、オッサンの味方な服じゃないです。逆にけっこうなオッサンキラーです。どっちかっていうと、子どもっぽい雰囲気があるからでしょうね。パーカがオッサンの年相応アイテムかっていわれると引っかかるものがあります。

でも**やっぱりあのフードってやつの魅力はデカい**です。

上にアウター着て、中からフードを出すのはどっちかっていうとダサめの行為だと思うんです。でもなんかそのチープ感というか、洗練されてない感じが好きなんですよ。そういう人けっこういないですかね。

あれって、やらない人は絶対やらないと思うんです。かっちりめのファッションが好きな人ほどイヤでしょうね。

だからこそ、いちおうのルール的なものを自分自身に課してます。

まずは、ペラペラのフードは出さない。

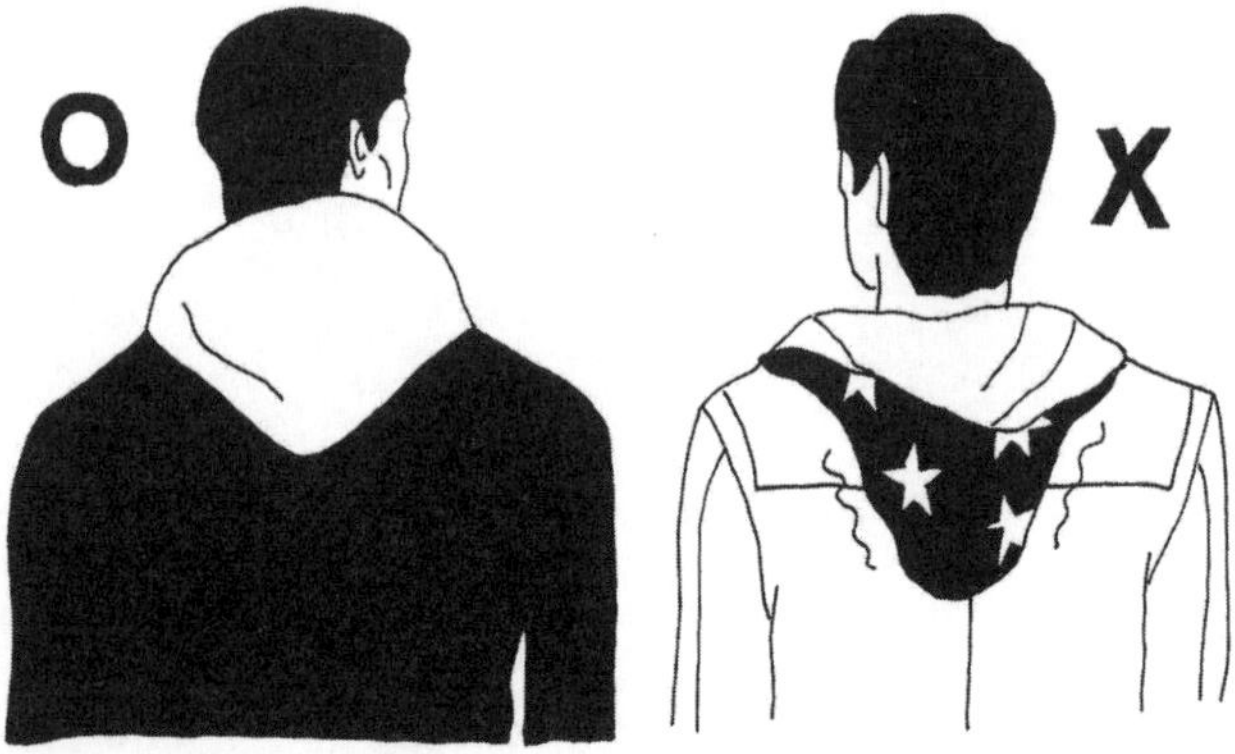

パーカのフードを外に出すなら、しっかりと張りがあるものを選ぶべし。
ペラペラだったりド派手だったりするやつは避けましょう。

これ出しちゃうと、チープの向こう側にいっちゃうんですよ。「チープ」を超えて「安っぽい」。なるべくしっかりした素材感で、出したフードがペタンてならないほうがいいです。

あとは、フードの大きさですね。**あんまり大きすぎると変**です。

手持ちのパーカのフードがけっこう大きいけれどこれ着るしかないって人は、例のヒモを絞ってみましょう。**フードについてるあのヒモです**。

あれとっちゃう人もいますね。僕も使わない場合はわりととっちゃいます。ブラブラして邪魔っちゃ邪魔ですから。

でもフードが大きければ調節用に使います。少し絞って、前で結びます。

これあんまりやる人いないですけど有効で

す。蝶結びだとちょっとカワイくなっちゃうので、抵抗ある人は別の結び方にすればいい。

あとは、**風変わりなフードを出さない**ってことですね。

フードに大きな文字や絵が描いてあったりするやつです。フードは無地に限ります。

色もベーシックなカラーがいいです。**基本はやっぱり霜降りグレー**。青とかマスタードもナシじゃないですが、着込んだアジのある風合いが出てるやつ限定でしょう。バキバキの色ものフードは出さないほうがいいです。

カナダ発の〈**レイニングチャンプ**〉だったらしっかりボリューム感もあり、ヘビロテ心をくすぐります。

古着もいいですね。なんか昔ながらのアメリカのカレッジものを着たい気分なときもありますよね。UCLAとかブラウン大とかミシガン大とか。ロゴがかすれてボロボロになってるくらいでちょうどいいかと。

あとはどんなアウターから出すかですが、これはあんまり気にしなくていいと思いますよ。

フード付きのアウターからは出さないほうがいいです。フードとフードになっちゃうから。

でも僕は寒い日とかはやっちゃいますけど。

ちょっと変だけどまあいいかって日もあるじゃないですか。あったかいですよコレ。

ピタピタオヤジは闇深し

年を重ねれば多くのオッサンが丸っこい体型になっていくものですが、少しでもスリムに見せようとしてタイトめを選んじゃう。**これダメ、ゼッタイです。逆です。**

インナーはちょっとゆとりをもたせて選びましょう。

ニットなんかはいくらのびるからといって、ぽっこりお腹のラインをくっきり浮かび上がらせるのはアウトです。

シャツも、ちょっと前まではやたらアームホールが小さかったり、ウエストがシェイプされてるものが出回ってたりしましたが、今はそういうフォルムのは避けましょう。**なるべくストンと、ゆるっと着た方がいい**です。

Tシャツはピタピタ厳禁の最たるものでしょう。誰もオッサンの浮かび上がった乳首なんぞ見たくありません。犯罪に近いです。執行猶予つきません。

なので、ちょい大きめフォルムでいいんです。大きすぎるのもまた変なので、あくまで「ちょい」を念頭に。

「俺カラダ鍛えて引き締まってるからセーフだぜ」。**ハイ違います。**

ガチムチなオッサンはオッサンで、やたらカラダの線を強調したがるものです。そういう人がやたらピチピチなTシャツ着たがるみたいなことですね。

カネと時間と我慢を重ねて作り上げた肉体を披露したい気持ちはわかります。まあそうしなかったらやる意味ないですもんね。筋トレはやればやったぶんだけはっきり効果が出るので、ヤミツキになって止まらなくなるのも分かります。

ですが、そこをぐっとこらえて、さりげなくアピールくらいにしておいたほうがいいでしょう。ちゃんと「ああ鍛えてんなこの人」ってわざわざアピールしなくても分かりますよ。そこまでピタピタじゃなくても。

ガリガリの人もピタピタはやめときましょう。かつて流行ったチビT再来みたくなるのは本意じゃないでしょう。つまり**プヨプヨもガチムチもガリガリも、自分のカラダよりちょいゆるめを着ましょうね**ってことです。

もっとカラダを見せたいっていう人は、忘年会や接待の場なんかでことあるごとに裸になっとけばいいんじゃないですかね。それだったら「楽しい人」ってなりますし。

見た目もそうですが、なによりピチッとしてると着にくいし動きにくいですよ。ゆるい服のほうが単純にラクでしょう。ここでもやっぱりガンバらないほうがいいってことです。

ニットの首から
シャツの衿先出すのはおすすめしない

インナーの組み合わせとして、**シャツの上にニットを重ねるコンビ**のときもありますね。僕はほとんどやらないですけど。

なんか上品感が出るのがあまり好きじゃないんですよ。どうしてもトラッド調になるじゃないですか。

なのでニットを着るなら、僕はTシャツと重ねます。が、シャツとニットの組み合わせが多くの人に支持されるのも分かります。まあトラッドは大人っぽいですし、まわりの人たちからのウケもいいですからね。

ときどき見かけるのが、ニットのクルーネックから、中に着たシャツの衿先を出している人。**あれは中にしまったほうがいい**ですね。

「しまってても着てるうちに出ちゃう」って人は、ボタンダウンを着ましょう。

ボタンダウンシャツはいいですよ。肩肘張ってる感じにならないし、別に衿のボタンを外して着たって全然アリですから自由度が高い。

同様に、**ニットの裾からシャツをドーンと出すのもやめときましょう。**まったく出さないか、出すならちょっとですね。がっつり出してかっこいいスタイルもありますが、出すシャツの雰囲気とかパンツとのバランスとかが重要になってくるので、とりあえずは控えておくのが得策です。

袖は少しだけ出しましょう。これはちょこっとだけ出したほうがいい。**ニットの袖口からシャツが1センチほど顔を出すだけで違ってきます。**

別にカジュアルな普段着なので、スーツと違って絶対のルールはないのですが、まあ見た目的にバランスがいいってことですね。

でもこのシャツとニットの重ね着をすると、こんなふうにあれこれ気を使わないといけないじゃないですか。立ったり座ったりしてるうちにこういうチラ見えのバランスって気づかないうちに変わっちゃってるもんですからね。いつのまにか片側の裾だけベロンってたくさん出ちゃってたりとか。

だからちょっと面倒臭いじゃないですか。なので僕はあまりやらない。

チラっと出す着こなしテクニックってうまくやれば効果はありますが、常に配分を考える必要がありますね。

たとえば**シャツの首から白Tをちょこっとのぞかせる。**これはぜひやりましょう。

これを実行するだけで、ギャル男化を回避できるスグレモノです。そういう人達はやたらと胸元を見せたがるので。

ただし、これも失敗するとパッとしない感じが全開になるので気をつけましょう。

中に着るTシャツは首がギューっと詰まりすぎててもイマイチだし、びろーんと伸びちゃっててもだらしない。たかが首元のチラ見えですが意外にも目立つものです。**ちょっとゆるいくらいが理想**です。

そして、シャツのボタンは上1つか、せいぜい2つ開けるくらいにとどめておきましょう。それ以上開けると白Tが見えすぎちゃってそれはそれでおかしなことになりますから。

意外と使えるサーマル

カットソーやロンTをインナーとして仕込む場合、**サーマルという選択肢**もあります。もとをただせばローテクなミリタリーアイテムです。高機能素材がまだなかった時代、保温性を高めるべくデコボコな独特の織りで、体温であたたまった空気をためておく効果を狙って作られたといわれています。

とはいえ今となってはそういう機能面は誰も期待してなくて、まあ見た目でしょうね。こういうワッフル編みならではの表情は、男ゴコロをくすぐります。やっぱりミリタリー由来っていうのがいいんでしょうね。機能面に特化した結果、こうなったっていう道具感はやっぱりいいです。

ここにもガンバらない精神が見て取れます。装飾的であればあるほど頑張ってるってことですから、無駄を極力省いたミリタリーアイテムはものすごくガンバってないといえるのです。で、このサーマルですが、**これもサイジングには気をつけたい**。

本来は肌着なのでタイトに着るものでしょうが、これもピタッとしてると異常にマッチョ感

が強調されるので、**あえてゆったりめに着ましょう。**

時期的にOKであれば上はこれ1枚でもいいと思います。下はカーゴパンツはやめときましょう。まんま軍人になっちゃうので。

まあ、ダメージデニムとかそのへんが合うんじゃないですかね。キレイすぎちゃうパンツもあんまりかなと思うのでショーツもいいですね。

色は定番のオフホワイトがベストでしょう。

このサーマルのいいところは、**重ね着にも使いやすい**ってところです。

たとえばこの上にTシャツを重ねたっていい。無地Tと合わせて袖からサーマルを出せば、腕部分でワッフル地が変化をつけてくれます。

上にシャツを羽織るのも悪くない。フロントを全開にしてサーマルを見せれば相性バッチリのレイヤードになります。

色はベーシックでも明らかな素材感の違いがあるので、他にはない個性が生まれます。かといってミリタリーベースなので変に凝った感じにはならず、さりげない。

正直、オッサンでサーマルをしょっちゅう着るって人は少ないでしょう。

そもそも選択肢にあがらないですよね。

サーマルの着こなし方法。半袖のＴシャツの中に着たり、
上からシャツを羽織るレイヤードスタイルにしてもいい感じです。

ですが改めてみると着心地もいいし、値段も安い。まあもとはただの肌着ですから。

それでいて着たらカッコいいとくればもはや死角はありません。

持っておいて損はないので、ぜひ手に入れておきましょう。**ダサい人はあんまり着ていない服なので差別化にもなります。**

意外にもパックTのいちラインナップとして、脇役的にひっそりリリースされてたりします。そういうのでいいです。存在感うすい感じがいいのです。

おしゃれブランドの高いやつである必要はまったくありません。自分好みでピンとくるやつを選びましょう。

ただ肌触りが合わないものもあるかも。そのへんはいろいろ着て試してみるしかないですね。

オッサン向けTシャツ選び三か条

1年中着るものといえば**Tシャツ**ですね。

確かにド定番ですが、意外にこれが難しい。

年齢を経るごとに難易度上がっていくアイテムです。

でも寒い時期に一番下のインナーとして着ても、暑い時期に1枚で着ても、この手軽さに勝るアイテムはありません。

なんとかうまく着たい。

であれば3つのルールを覚えておきましょう。

それは、**「色」**、**「サイジング」**、**「モチーフ」**です。

まずベースの「色」から。

白と黒、これはまったく問題ないです。もちろん。迷ったらこの2色です。

でももう飽きた、って人も多いでしょう。

次にオススメはペールトーンですね。つまり、**淡い色**です。

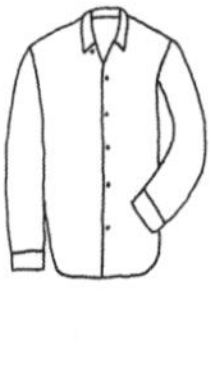

淡ければいいのです。淡いブルー、淡いグリーン、淡いピンク……どんな色でも。

パキっとした色はインパクトが強すぎて、「どうしたの今日!?」ってなる場合もあります。そこへいくと淡い色は見る人をそんなに刺激しないいし、人を選びません。基本的に誰でも似合います。

ただ、シャツの下に色Tを着るのは避けましょう。シャツ下には**無地の白Tか、霜降りグレーの二択**と心得てください。黒もあまりハマらないです。

2つめはサイジング。これは言わずもがな。**ジャストサイズかちょいゆるめ**で着てください。

このところビッグシルエットのTシャツが多く出回ってます。身頃の幅が広く設定されていて、肩のラインがデフォルトで落ちてたりするやつです。

あれと、ただサイズがでかいTシャツは全然違います。

ビッグシルエットはストンと着ていい感じのドレープが出るよう工夫されたフォルムになっています。着たときのバランスが計算されています。丈感も絶妙です。ただ大きいだけでサイズが合っていないTシャツを着たときとはその差、歴然です。

ビッグシルエット、ワイドシルエットを選ぶならそれ目的で作られたTシャツをちゃんと選んで着ましょう。もっともこれはトレンドものなので、次シーズン以降もいけるかどうかは水ものだったりするのですが……。

最後にモチーフです。無地Tばかりだと飽きちゃうので、ときには絵や写真が取り込まれてるものも着たくなりますよね。

それは全然いいと思います。ただ、地雷もあるので気をつけましょう。

たとえば**ヘビメタT**。メタリカとかAC／DCとかガンズみたいなやつですね。

つい手に取りたくなりますよね。わかります。たいしてメタル通ってきてなくても、単純にプロダクトとして魅力的ですよね。ただ、着るとなると話は別です。**基本的に細身の若い子がハズシで着るから様になる**ってのはあります。もろ同時代の人が着ると残念な感じになるかも。

ただ、たまにオッサンでも似合う人はいると思います。アイコンがポピュラーすぎてもうすでにただの絵ですから、彼らを聴いているかどうかはもはや関係ないですね。

映画『悪魔のいけにえ』のレザーフェイスあたりもTシャツモチーフとして定番ですが、やめたほうがいいでしょう。ただ、これも着たくなる気持ちすごくわかります。僕も『サイコ』や『シャイニング』など、この手の映画は大好きですが、着ていくところが絶望的にないでしょう。

こういうバカバカしいTシャツはどんどん買うべきです。着るかどうかは別にして、物欲を満たすものとして割り切りましょう。

僕はフリマで**「香川真司 オールド・トラッフォード」**とデカデカと書かれた真っ赤なTシャ

ツを買いました。

出どころを尋ねたところマンU所属時代に、本拠地まわりの土産物屋で売られてたものらしいです。まあそうですよね、オフィシャルのわけないですもん。でもこういうの欲しくなるじゃないですか。

「まあ近所出かけるときに着よう」「くだらない友達と飲みにいくときに着よう」と思って手に入れたものの、結局着てません。

まあTシャツは着るのとは別にこういう楽しみがあるからいいですね。そう考えるとやっぱりTシャツっていうのは特別な存在ですね。まあそういう変なTシャツでも、**いつか「これ着るしかない」っていう絶好のタイミング**が訪れないとも限りませんし。

理想シルエットはAラインでもVラインでもIラインでもなく、AVライン

Tシャツのシルエットの話題が出たので、カラダ全体の理想シルエットにも触れておきましょう。

シルエットの話題になると出てくるのが**Aライン、Vライン**といった用語です。そのアルファベットの形のようなシルエットのことです。

コンパクトなデニジャケにワイドなカーゴみたいなスタイルだと**「細＋太」になってAライン**ですね。

逆に、極寒仕様のボリューミーなダウンにスキニーデニムのような感じは**「太＋細」でVライン**。

タイトなテイラードジャケットに細身チノみたいな組み合わせだと**「細＋細」でIライン**ということになります。

シルエットはだいたいこの3つに大別されます。

どれもいい感じにまとまるとされていますが、Aラインはうまくやらないとストリート風味が強くなっちゃって、35歳以上の大人がやるにはある程度のセンスが要求されます。なんというか、ドム感が出ちゃうというか。

Vラインは足が細くないとダメという前提がありますというか、そうでないと成立しないシルエットです。

Iラインは読モみたいな若い子向きですね。

美容師っぽい若者がやるとハマりますね。たとえやせていても、オッサンはIラインはやめたほうがいいです。上下ピチピチはなんか見苦しい。

どれもピンとこないなあとお嘆きのあなたに朗報です。どんな体型の人でも似合うオッサン向けのシルエットをご紹介します。

オッサンが似合うのはじつは**AVライン**なのです。

これは**トップスでAの形、パンツでVの形をつくるといい**ってことです。

Aの形とは、たとえばシャツだったら前をあけてヒラヒラさせればいいってことです。もちろん中に白Tをかませて。そうすれば裾が風になびいて広がってAになります。薄手のワークジャケットやショップコートを羽織るのもいいでしょう。つまり「ひらっとする」やつですね。こいつで出た腹をぼかします。

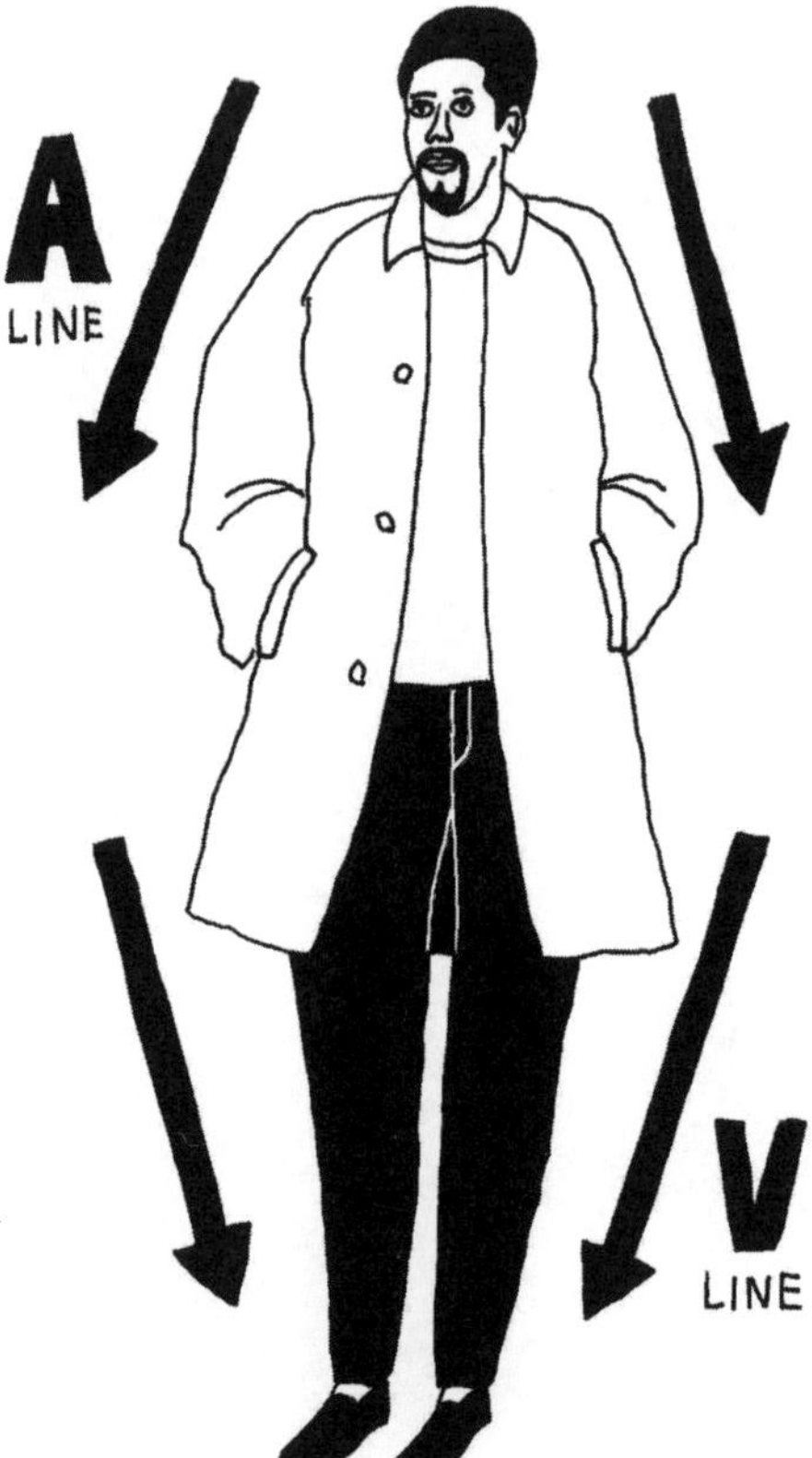

オッサンの七難隠す究極のシルエット「ＡＶライン」

対してパンツは裾に向かってすぼまってるやつを選びましょう。いわゆる**テイパードしたライン**ですね。

ドカンみたいなワイドパンツは難易度高いですが、テイパードなら簡単に着こなせるし日本人体型にぴったり合います。**裾をまくるのも効果的です**。テイパードしたパンツの裾をまくればさらにシルエットが強調されます。尻やももが太い人は多くても、ふくらはぎや足首は構造的にそこまで太くはなりません。なのでテイパードパンツなら履けるはずです。

これらを上下で組み合わせて着れば、ＡＶラインの完成です。

ほどよくゆるさがあって、かつ大人っぽさも出ます。ぜひ意識してやってみてください。きっとうまくいくはずです。

おしゃれの曲がり角。くだけ感、ヌケ感の正体

ファッション誌なんかを眺めていると、よく目にする言葉があります。「くだけ感」「ヌケ感」といった用語です。

なんとなく雰囲気はイメージできるけど、実際のところよくわかんないって人が多いんじゃないでしょうか。

まあそれでもいいんですけどね。ファッション用語なんてライトに知っておくくらいでちょうどいいとも思うんですが、この際なんで確認しておきましょう。

まずは**「くだけ感」**。これはまあ、ドレスダウン的なことですね。**いかにラフになっているかどうか**ってことです。

ドレスダウンて何、ってことになると思いますが、これはベースがきれいめなスタイルなときに、それをラフにアレンジするってことです。

その分量によって**「ほどよいくだけ感」**だったり、**「かなりくだけたコーデ」**みたいに使い

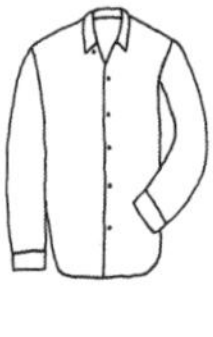

キレイめのシャツにダメージデニムとキャップを合わせた「くだけ感」の例（左）。
ロールアップした裾から素足を覗かせれば「ヌケ感」を演出できます（右）。

ます。「くだけ感」の対義語は「かっちり感」「きっちり感」あたりです。

ガンバらないで見た目のいい大人でいるためには、このくだけ感が重要だったりします。きっちりしすぎたスタイルだと、くだけ感は出ませんから。

ただし、くだけすぎちゃうと今度は「だらしない」につながっちゃうので注意が必要です。

アイテムで例を挙げるとすれば芯のないジャケット、つまり**アンコンジャケット**ですね。さらっと羽織ればほどよいくだけ感が出ます。

また、トップスが上品シャツのときでも、ボトムズがハードな穴あきダメージデニムなら、全身で見ればくだけ感が出てる状態になりますね。そこにベースボールキャップでもかぶろうものならさらにくだけます。暑くて脱いだシャツをおもむろに腰や肩に巻きつけても、くだけ感が増します。キレイなアイテムとラフなアイテムの比率で決まるって感じですかね。

続いて**「ヌケ感」**。

これは、**なんか風が通るような、スコンと抜けたような感じのイメージ**です。

たとえばパンツの裾をロールアップして、素足でスリッポンやエスパドリーユを履けば、その足元には「ヌケ感」が生まれてるってことです。ちなみにヌケ感は「がある」「が生まれる」といった言葉とセットで使われることが多いです。

つまり、コーデのどこか一部分にすっきりした部分を入れるとヌケ感が生まれるのです。一言でいえば、コーデの風通しを良くする着こなしテクって感じですかね。

なんか全体に重いな、ってときに有効です。ちょっと意識するだけでライトで爽やかな感じになります。

なんとなく「くだけ感」と「ヌケ感」理解できたでしょうか。

似てるっちゃ似ていますが、違うっちゃ違うんですね。

両者ともすごく効果的です。オッサンがやる着こなしテクニック的なものってだいたいハズすことが多いんですが、**この2つは覚えておくと格段にレベルアップ間違いなし**です。

あと似た言葉で**「ハズシ」**もあります。これも良く使われる。

これは、**違うベクトルの服を合わせること**ですね。

たとえばきれいめジャケットのインナーに古着のカレッジロゴTシャツを合わせていればそれはハズシが利いてます。本来ジャケットにはシャツを合わせるところをあえてハズしているのです。

ストンとしたセンタープリーツのスラックスに〈ナイキ〉のレトロスニーカーを合わせれば、それもハズシですね。本来は革靴を合わせるのが正攻法ですから。

「くだけ感」と似てますが、**ハズシは思い切り真逆のアイテムをプラスする**っていうのがポイントですね。**〈マッキントッシュ〉**のゴム引きコートのインにミッキーマウスのヴィンテージ古着スウェットを合わせたりとか。

「くだけ感」「ヌケ感」「ハズシ」。どれも気取らない感じでいいですよね。ただ、ハズシのアイテムチョイスはセンスが問われます。**明らかにハズシでやってんな、とわかってもらえないとダメ**です。あと少しでアウトみたいな、ギリギリのアイテムを投じるくらいでちょうどいいです。

そのあたりを意識しながらやればきっとうまくいくはずです。

オッサンのための、ガンバらない

インナーの極意3か条

□シャツは雑に着ていい！

□ピタピタはやめとこう！

□「くだけ感」「ヌケ感」「ハズシ」は使える

【第２章】

失敗しない
アウター選びの大原則

数を絞り込んで、何度も着る！

邪魔になるから、たくさんはいらない

アウターばっかり買っちゃうのはダメ！　ここは力の抜きどころです。

多いんですよね。**ついアウターばかり頑張っちゃう人**。わかりますよ。確かに洋服の主役みたいな感じで楽しいですよね。アウターって。

着ていていちばん目立つアイテムだし、何より変化に富んでる。丈が長いのもあれば短いのもあり、刺繍があったりプリントされてたり柄ものだったり、色も形も素材もさまざま。厚手のから薄手のものまで、まあ作り手の力も入ってます。キング・オブ・服といっても過言でないでしょう。

なので、ショップにいくとアウター選びがメインになって、インナーとかパンツはついでにくらいの扱いになっちゃうパターン。**これあるあるです。**

もちろんアウターは目立つし重要なんですが、そこにだけ偏っちゃうのはちと問題です。

他のアイテムと同じくらいの等分で選ぶのが理想です。

だって、アウターって高いじゃないですか。そこにばっかり資金を投下して、クローゼットはかさばるわ、インナーとかパンツはおろそかになるわじゃ目も当てられません。

なので心がけましょう。アウターは**「渾身の数着に絞って着る」のが一番**です。

お金があまるほどいっぱいある人はそれこそ何着でもエンドレスに買えばいいと思うんですが、この本を買って読んでる人でそんな人はおそらく1パーセントもいないでしょう。

なので、厳選しましょう。

結局たくさん買ったって、おそらく着るのは数着です。あとはタンスのこやしもこやし、化石になるのが関の山です。自分にしっくりくる服なんて案外そんなもんです。そうたくさんは現れない。たくさん持ってる人だって、そのうちで着るのはお気に入りのほんの一部ってもんです。

なら、その一部だけ揃えるように発想を転換すればいい。まあ、**3着もあれば十分じゃないですかね**。そのかわり、その3着をめちゃくちゃヘビロテするのです。

3着それぞれにちゃんと役割があるようにする。たとえば、寒い日用、デート用、動きやすい日用、のように。つい同じタイプばっかり買っちゃうっていう人、多いんじゃないですかね。

それはわかりますよ。わかるけど、**ちょっと目線をズラしたのを揃えたほうがいい**。

どれも「着たいな」って思うやつっていうのが大前提です。そのうえで、タイプをずらすのです。そうすれば、最強の打線になります。

インナーダウンさえあれば日本の冬は解決

ぜひ持っておきたいアウターを挙げるとすれば、**インナーダウン**でしょうね。アウターなのかインナーなのかは微妙なとこですが、まあ言ってもダウンなので、このカテゴリーでやっとこうと思います。

とにかくこれは超便利。ノイマンのコンピューターばりの素晴らしい発明品です。

なんせ「かっこいいけど寒いんだよなコレ……」ってことでやむなく諦めていた薄手アウターをすべて着られるようにしてくれたんですから。しかもダサくならない。ちゃんとかっこいい。そのままアウターとして着ても全然いい感じ。昨今のダウンの高性能化は著しく、はっきりいって日本の主要都市だったらだいたいこれとヒートテックで事足りるでしょう。

余計なデザインが付与されてないのもいい。インナーダウンはシンプルなほうが生きます。なので**色は黒かネイビーあたりにしとくべき。**ここで主張しちゃうとせっかく重ねて着たいのに合わせにくかったり、いろいろ不都合がでてきます。大きくプリントされてたり、柄がはいってるのも避けましょう。せいぜい胸のワンポイントロゴくらいにとどめておくべき。それ

インナーダウンは、寒い冬を乗り切る強力な助っ人。１枚でも着られるので、ぜひとも押さえておきたいところ。

すらなるたけ押しの弱いものを選びましょう。こういうものは**なるべく存在を打ち出さないほうがいい**のです。軽いのも利点です。カバンの中に放り込んでおいても負担にならないので、気温が上がってくれれば脱いで持ち歩けばいい。

ちょっと前まではデザインが微妙でした。

唯一にして最大の弱点で、なんだかなあっていうものも多かった。しかし、今はそのへんも十分すぎるほど改善されています。

〈ナンガ〉のはいいですね。寝袋からスタートしてるブランドだけあって機能性は折り紙つき。

焚き火して火の粉が舞っても平気な不燃素材使用のボリューミーなダウンも作っていますが、僕はやっぱりインナーダウン推し。削ぎ落とし系デザインはさすがって感じです。ただブランドタグは昔のほうが好きですけど……。

オッサンなら オッサンらしいアウターで

変に若者を意識したアウターはやめときましょう。オッサンは「若く見せ」ようとするのでなく「かっこいいオッサンらしいオッサン」を目指せばいいのです。

となると、どんなアウターがオッサン向きかっていうことになりますが、**まずはやっぱりアウトドア系**でしょうね。

まず機能性が高い。そして嫌悪感を感じる人が少ない、さらにアクティビティを前提としてつくられているので動きやすいからです。

おそらく多くの人がパッと思いつくのがアウトドアの2大巨頭、**〈パタゴニア〉**と**〈ザ・ノース・フェイス〉**じゃないでしょうか。

はいどっちもいいブランドですね。ともにカリフォルニア発祥です。パタゴニアだからといって南米生まれじゃないです。当時カリフォルニアからみたパタゴニアは地の果てで、そういう壮大な冒険の舞台をブランド名に据えたのです。創業者同士も友達で、一緒に旅した記録が本や映画になってたりします。

どちらも超有名なブランドロゴを備えてるので、誰が見ても分かりますね。〈パタゴニア〉で着るべきは**ど定番のフリース**でしょう。**〈ケープハイツ〉**とかも追走してますが、やっぱり本家はここでしょう。

胸にポケットのついたレトロなやつを推しますね。**色は生成りのオフホワイト**がやっぱりコにらしくていいんじゃないですかね。

ここは環境保全や社会貢献活動で有名です。リサイクルやフェアトレードの精神がアイテムにぎっしり詰まっているので、そういうところに共感できるならパタゴニアはベストな選択でしょう。やっぱり自然好きな大人なら自然を大事にする気持ちが芽生えていかないと、オッサンとして物足りない感じになっちゃいます。見た目だけでなく、自分の思想から服を選ぶっていうのもこれからのアイテムチョイスでぜひ実行していきましょう。

あとパタゴニアは山だけでなく海も強いです。創業者の息子が**〈ＦＣＤ〉**というサーフボードのシェイパーですから。サーフムービーなんかもさかんに制作してます。

それに対して**〈ザ・ノース・フェイス〉は海要素はなくて、あくまで山がベース**です。ブランド名からして〝北壁〟ですからね。

ライフスタイル寄りなアイテムが多いせいでしょうか。街で着やすいものがたくさんある。

とくに**クラシックなダウンやシェルで名品が多い**印象があります。黒のイメージが圧倒的でしょうが、僕はノースの青も好きです。

まあ、こんなふうにそれぞれ特徴があるので、あとは好みでしょうね。

あとは、**〈アークテリクス〉**という選択肢もあります。

始祖鳥がブランドロゴになってます。カエルじゃないです。**ワードローブにアークを加えるんだったらやっぱり黒がいい**んじゃないですかね。あとここはバッグが圧倒的にメジャーでしょう。**「アロー」シリーズ**はわりといい値段しますが、定番として長く使えるので持っておいて損はないでしょう。セレクトショップとコラボした、ちょっとヒネリの利いたやつを選ぶのもテでしょうね。パタとノースはちょっとメジャーすぎて……という人にも向いてるんじゃないですかね。

アウトドアブランドはすごくたくさんあります。ただ、絞りに絞ってどれか選ぶということになれば、この3つの中で選んでおけばまあ間違いないでしょう。

オッサンを格上げするアウター、2つめは**ハンティング系**でしょう。

やっぱり**〈バブアー〉**は外せません。表面がオイルド加工されたやつがいちばん有名ですが、賛否両論あります。個人的にはあれはガチすぎるので、別なのを選んだほうが扱いやすいかなと思います。ラックにかけておいたら隣のやつまでベタベタになっちゃうから。

patagonia
THE NORTH FACE
ARC'TERYX
Barbour

とはいえ、そのオッサンを格上げするツラの良さは本物です。背中に獲物をいれるポケットがついていたり、ハンターならではのディテールがあるのも男ならグッとくるでしょう。

今ではシルエットや素材も多種多様、バブアーのかっこよさはそのままに、かなりバリエーション豊富なラインナップになってるので選びがいがあります。スーツの上に着られるっていうのもいい。誰でも似合いますし、サラリーマンにとって**月曜から日曜までぜんぶいけるっていうのはかなりのアドバンテージ**でしょうから。

オイルベタベタは嫌だけど定番の**「ビデイルジャケット」**を着たいって人には、**古着を狙う**っていうのもいいでしょう。雨風をくぐりぬけたバブアーはオイルがだんだん抜けていきます。そうして乾いた状態になったものもまた雰囲気あるのです。ただ、ベストなコンディションのものは意外と少ない。パリパリに乾燥しすぎちゃって破れてたりするのも多いし。まあ古着は一期一会なんで、**理想の風合いのに出合えたら即買い**でしょう。

まあとりあえずオッサンが着てハマり、オッサンに似合うアウターの代表格といえばここに挙げた〈パタゴニア〉、〈ノースフェイス〉、〈アークテリクス〉。そして〈バブアー〉。このあたりならまずハズさないでしょう。定番には定番になるだけの理由がありますから。

雰囲気出まくりツイード素材

アウターの素材感って意外と重要です。

アクティブ系のアウターならナイロン素材が多いでしょう。

ゴアテックスとか、最近ならそれに追随するイーベントなどの防水透湿素材がいろいろでてきています。やっぱり便利だし、内側から湿気が抜けるのは本当に快適です。ムレないっていうのはやっぱりでかい。**オッサンは汗をかきやすい生き物ですから。**

これとは別に、もうちょっとちゃんとしたところに行くとき用に、別のアウターがあるといいでしょう。

そこで持っておくと何かと役に立つのが**ツイード素材**です。

荒く起毛したようなアレですね。

ダントツで一番有名なのが**〈ハリスツイード〉**でしょう。

スコットランドのハリス島で紡がれた高品質のツイード素材です。最近ではちょっと乱発気味でブランド価値がちょっと下がってしまったような気もしますが……。

着るだけで落ち着いた大人になれる稀有なアイテム「ツイード」。こなれたオッサンになるために、ぜひとも持っておきたい一着です。

あとは〈**ムーン**〉も知られています。ハリスツイードよりやや大衆的ですかね。こちらも200年近い伝統を誇る、英国を代表するブランドです。

この素材の何がいいかって、**着るだけでとにかく「落ち着いた大人」に見えます。**

クラシックな雰囲気が、オッサンにぴったりです。ダサいオッサンでも極端な話、髪を切って、ツイードのアウターを羽織ればそれだけで5割増しくらいになります。

コートでも、ジャケットでも、ブルゾンでもいいです。**丈が長くても短くてもいける**のがこの素材の強みでもあります。

なるたけクラシックなディテールを備えているといいでしょう。レトロなくるみボタンを採用してたり、ポケットに大きなフラップがついてたり、エルボーパッチがあしらわれてたり。古くさい雰囲気を醸してるほうがツイードらしいです。変に今っぽさを意識してたり、モードっぽいデザインのやつは飽きるのも早そうです。

色はほぼ選択の余地なくてグレーです。これでないとツイード感ありません。

腹が出ていようが、髪が薄くなっていようが、これさえ着れば気分はもう英国紳士です。

インナーはシャツがベスト。

持っていればハイネックのニットとかでもいいですが、わざわざ買わなくてもいいでしょう。

第１章で提案したようなのであればなんでも似合うはずです。

これにスラックスだと「まんま」過ぎちゃうので、ちょっとパンツで外せれば楽しい。たとえばコーデュロイパンツやインディゴのデニムに**〈アディダス〉の「キャンパス」**とかならもうバッチリでしょう。

普段着としてなら、ちょい着崩すのがコツです。

MA-1は簡単と侮ることなかれ

ショート丈のアウターでパッと思いつくものといえば、やっぱりMA-1タイプでしょう。まあシンプルだし、着やすそうな感じしますよね。ミリタリーものは鉄板だし。

ですが、ちょっと待った！　カンタンそうだからこそ落とし穴があるってもんです。

まず、**ガチすぎるMA-1は避けた方が無難**です。オリジナルはかなりクセのある形です。フライトジャケットなので飛行機を操縦したりするぶんには理にかなったフォルムなんですが、いかんせん日常だと丈が短すぎる！

しかもウエストはリブでギューっと絞られてますから、これだとインナーの出具合がハンパじゃないです。レイヤードにはかなり困ります。

さらに、身頃は太いです。中綿のボリュームもありますし、もともと機能服なんで、見た目云々を意識して作られた服じゃないですから。アームホールもすごく大きい。

座ったとき邪魔にならず、動きやすくて、防寒性がある。ただ普段着として着るにはかなりトンガったデザインですね。とくに日本人はアメリカ人にくらべて足も短いし顔も大きいので、

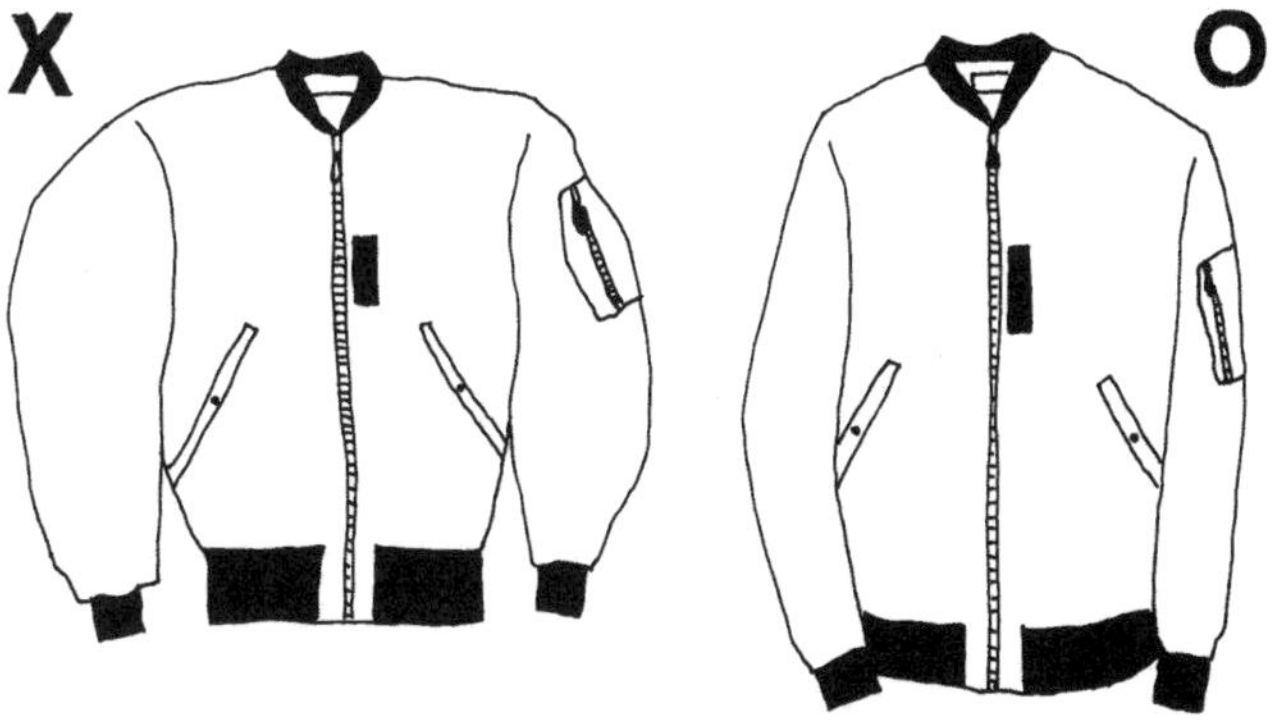

本気仕様のＭＡ -1 はオッサン殺し。丈短すぎ、腕太すぎで合わせるのが鬼ムズなので、現代風にアレンジされたやつを着ましょう。

こういう服は難しいです。

なので、ここはＭＡ－１からインスパイアされた、着やすくアレンジされたショート丈アウターを着るのが一番じゃないですかね。

お金をあまりかけたくないなら、**各セレクトショップのオリジナルを狙う**のもいいでしょう。着やすいように丈を少し長くしてあり、中綿もほどよいバランスに調整されてます。

できればフロントのジップがピカピカしすぎないように加工されているものを選びましょう。ＭＡ－１は前のジップが目立つんですよ。**〈エストネーション〉**のやつが大人っぽくてよさそう。**〈ロンハーマン〉の別注**も雰囲気ありますね。

あとは同じような形のショート丈アウターなら**スカジャン**という手もありますが、これはさらに難易度高いです。

こういうのは若い人があえてのハズシで着てはじめてハマるものであって、**オッサンが着るとまんま露天商になる危険性が高い。**体型も絞れてないと厳しいです。

それでも着たいという人は**〈シュタンバウム〉**のものがクオリティ高いです。

ほんとに状態のいいヴィンテージの古着みたいで男なら惹かれます。ただすごく丁寧に刺繍などされているので値段はそれなりにお高いです。

安いスカジャンはトラかネコか分からなくなってたりするからやめときましょう。とりわけスカジャンは裾や袖のリブに差が出ます。しっかり作っているところのはココがゆる編みになってたりして、すごく手が込んでいます。

こういうパンチの利いたアイテムは目立つからごまかしがきかないので、**着るならしっかりお金を出してちゃんとしたのを選びましょう。**ほんとうに好きなら高い買い物でもないはずです。

体型とアウターの方程式

長年酸いも甘いも噛み締めてきたオッサンのカラダは千差万別。みんなどこかしらコンプレックスを抱えているものです。

もう諦めてる、って人も多いでしょうが、自分に似合うアウターを選ぶことで**マイナスを最小限に抑えたり、さらにはそれをプラスに転じたりできる**ものです。

オッサンの代表的な体型コンプといえば、デブ、チビ、お腹ポッコリ、ヒョロガリ、なで肩あたりですかね。列挙するだけでため息が漏れますね。

まあこの年代にとって一番多いのは**「デブ」**でしょう。

長年蓄積されたストレスと不摂生により仕上げられた山のような体型はなかなか手強いです。似合うのは、この体型をポップに転化するようなアウターでしょうね。

たとえば**ニットアウター**。**カウチンやらニットガウン**といったものです。

カナダなどの原住民の伝統を受け継いだクラシカルなアウターですから、機能性で考えれば光電子ダウンなどの高機能素材にはもちろん劣ります。でも、太めの人は寒さに強いというア

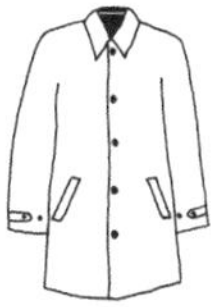

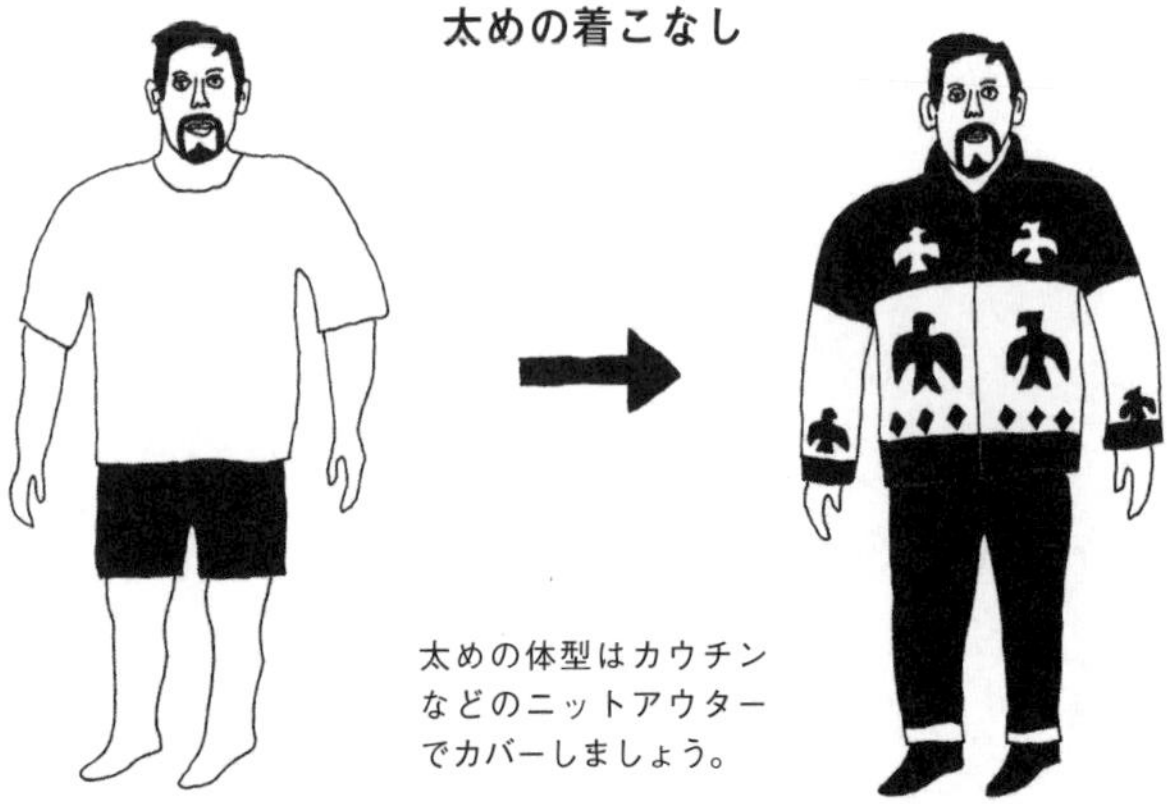

太めの体型はカウチンなどのニットアウターでカバーしましょう。

ドバンテージがあります！　だから冬でもニットアウターで大丈夫でしょう、多分。

カウチンにはネイティブ感あふれるモチーフが全体にあしらわれているので、それだけでほっこりした表情のスタイルになります。ニットだから当然伸びるので、変に窮屈になることもない。

おデブにやさしいストレッチのきいたデニムシャツあたりにニットガウンをさらっと羽織っとけば、ちょっとカワイさのあるやさしげな雰囲気を作れるでしょう。

次に**「チビ」**。これはやせるのとは違って努力じゃどうしようもないですね。

なので「まあ来世はデカいやつに生まれてこよう」くらいに祈るしかやることはないと思うのですが、この現世ではアウターで少しでもマイナスをカバーしたいところです。

これは一般によく言われることですが、**やっぱりロング丈はちょっと合わせにくい**。あえて狙いにいくハズシ手法もあ

小柄の着こなし

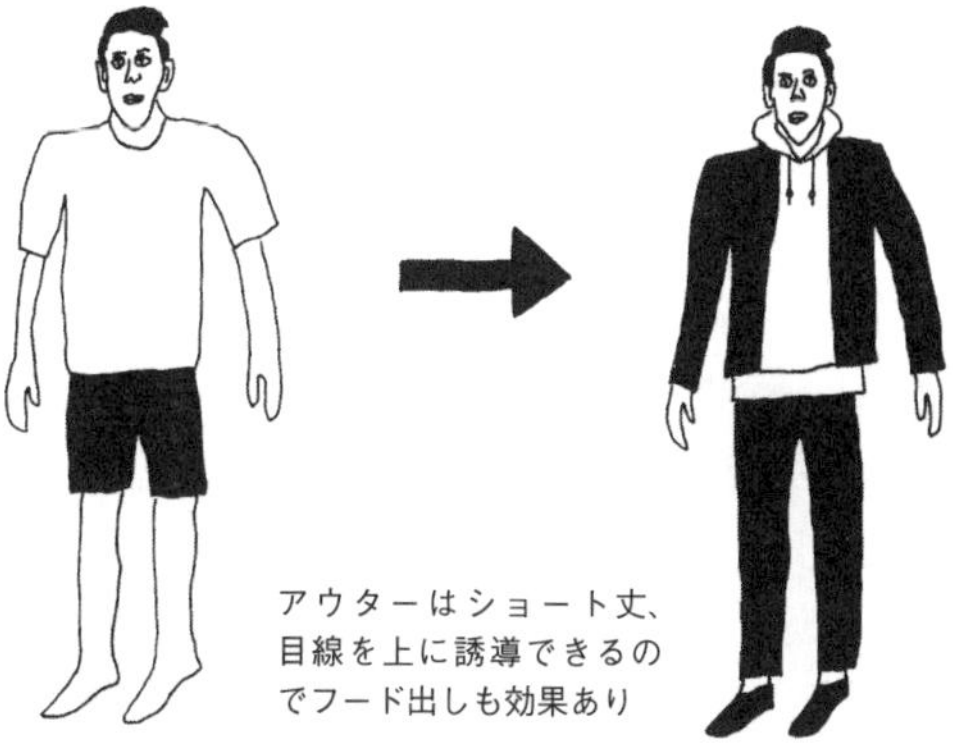
アウターはショート丈、
目線を上に誘導できるの
でフード出しも効果あり

りますが、そんなにガンバる必要はないでしょう。

レザージャケットとかスウィングトップあたりの短丈ブルゾン系がいいんじゃないですかね。レザーはシンプルなシングルがいいでしょう。ダブルもかっこいいですが、やっぱちょっと難易度上がりますね。ヘタすると服に着られてしまうかも。スウィングトップの代名詞である**〈バラクータ〉の「G9」**とかはおしゃれとダサいのギリギリ境界なアイテムだと思いますが、トライしてみる価値ありです。

あとシャツなどのインナーをパンツの中に入れるタックインはやめとくべき。**足の長さをごまかすため、ウエスト位置はぼかしたほうがいい**のです。あとは背筋を伸ばして姿勢良くしていれば、まあなんとかなるでしょう。

小柄な人にフードものは似合います。目線が上にくるので。なので中に着たスウェットパーカを出すのもいいでしょう。

そして、**「お腹だけ出てる人」**。俗に言うビール腹ですね。

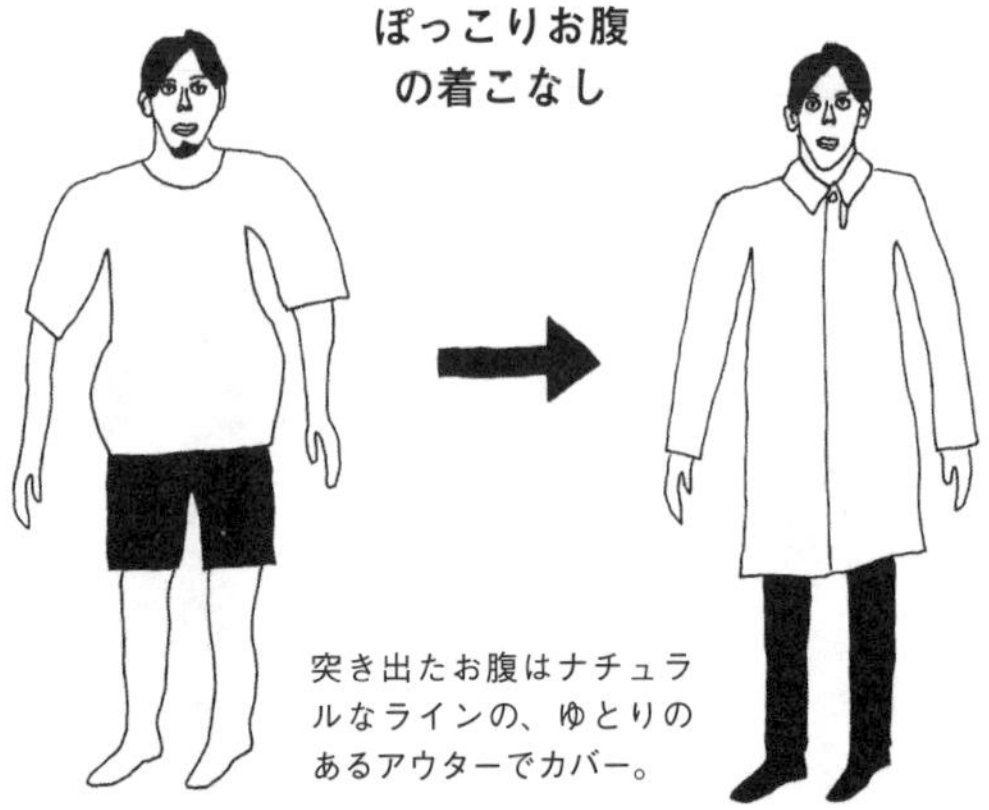

突き出たお腹はナチュラルなラインの、ゆとりのあるアウターでカバー。

これ多いんじゃないですかね。一見そんな太ってないのに、じつは腹だけ出てるポッコリおじさん。

カラダのラインがはっきり出るアイテムは避けましょう。**ゆとりのあるアウターを選べば全体的にナチュラルなラインになる**ので、出た腹を隠せます。

膝上あたりの丈のコートがいいでしょう。たとえば**〈マッキントッシュ〉のゴム引き。**ストンとしてハリのあるシルエットなので、こういう細かいデコボコをうまくカバーできます。

全体にうすくゴムが塗ってある、かつての高機能素材ですが、はっきり言ってこれに機能性を求めるのは野暮ってものです。通気性も、脇の下にハトメ穴が開いてるくらいのものですから。ですがそれを補って余りある、アイテムとしての単純なカッコよさがこのコートにはあります。

僕はコートの衿立ては推奨しませんが、ことマッキントッシュだけは例外的にやってもいいと思います。それほど美し

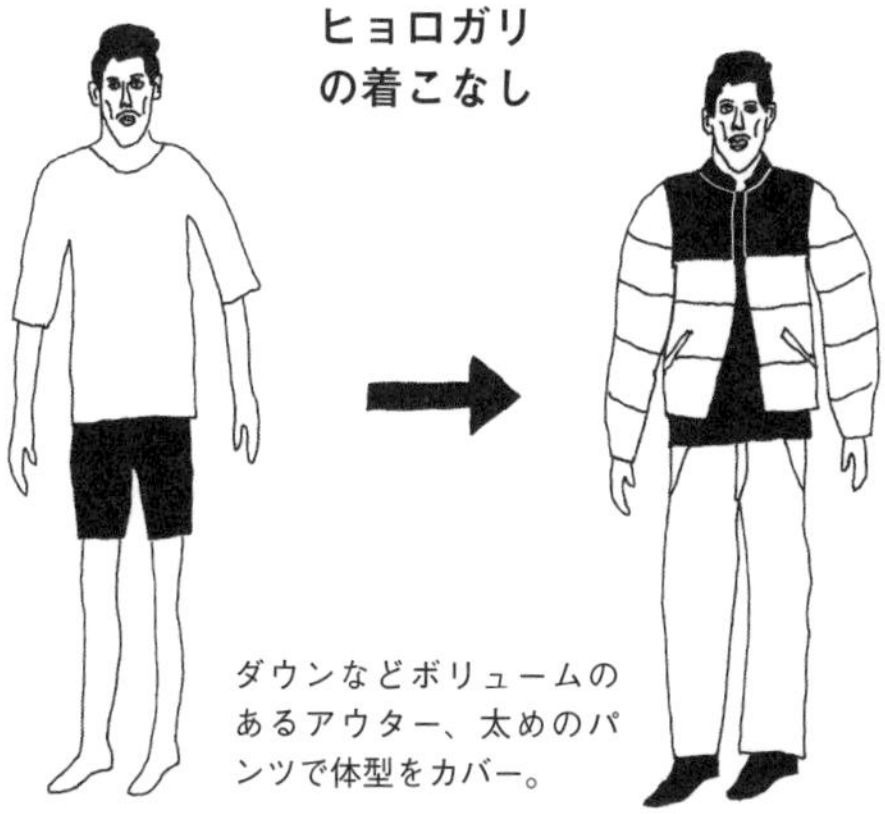

ダウンなどボリュームの
あるアウター、太めのパ
ンツで体型をカバー。

く衿が立ちます。あとはスーツに羽織ってもいいので平日も休日もフル回転で着られます。

ウィークポイントはやっぱり「高い」。でも羽織るだけでカッコよくなるならアリな気もします。**「ダンケルド」**というモデルが定番ですが、今はいろいろなシルエットのタイプがリリースされているので、しっくりくるアイテムを試してみてはどうでしょう。

お次は**「ヒョロガリ」**です。この体型の難点は、**とかく貧相に見えること**でしょう。

実際はたとえ毎日美味しいもの食べて充実した生活をおくっていたとしても、なんかかわいそうな目で見られる。食うや食わずみたいな日々を送ってるように思われるのは本意でないでしょう。

少し前なら痩せてるのはそれほどマイナスでもなかったのですが、最近はみんなジムで体を鍛えて、競ってガチムチを目指している時代なので貧相なのは印象よくありません。

そこで選ぶべきアウターです。ずばり、**なるべくボリューム感のあるやつを選べばいい**でしょう。となるとやはり**ダウン**ですね。ダウン着て太めのパンツはいてさえいれば、冬のうちは問題ないです。

先に挙げたような定番アウトドアブランドもいいですが、人と同じは嫌だなあという人には、**〈ウーバー〉**あたりはどうですかね。

レトロなテイストではなくて、都会的な雰囲気のダウンです。ゴテゴテ無駄なものはついてなくて、削ぎ落とされてる感じです。黒が好きなら合うでしょう。シュッとした色やシルエットで主張できるのはやせ型の強みでしょうから、ポップ系よりも都会的な雰囲気を意識するのが得策でしょうね。

「なで肩」も悩んでる人けっこういますかね。ない肩は作ればいい。パンがなければケーキを食べればいいのです。**エポーレットという肩にベルトがついてるアイテム**があります。ミリタリー系やハンティング系にみられます。これがあるやつだと肩が構築的に作れるのでオススメ。代表的なのは**M‐65ジャケットとトレンチコート**かな。なで肩の人はこれらを着ればいいと思います。

どんな体型でもアウター選びの原点となるのは、その人の持っているキャラを生かしながらコンプレックスをカバーするってことですね。

黒じゃない、という選択

アウターはどうしても黒が多くなりがちです。

間違いじゃありません。黒のアウターはどんなアイテムとも合うし、誰でも似合います。

ですが、3着なら3着で厳選して持つアウターすべてが黒だとちょっとつまらないですね。

もうちょっとレベルアップを考えたときに、黒以外の選択肢を考えてみましょう。

まず、**色をとりいれやすいアウターはダウン**です。なかでもハイテク系ダウンは例外的に、思い切った色にしてもそれほど浮きません。

たとえば**〈ノースフェイス〉の「バルトロライトジャケット」**なら黒やグレーももちろんいいんですが、**ここはあえてイエローやグリーンを推したい**。色ダウンとはいえところどころに黒が入っているのでうまく中和されるんです。防寒性は文句なし。まあガチものだから当然ですね。だからボトムはスウェットパンツとかにしてハズすのがいいでしょう。

レトロ系ダウンだったらベージュがいいでしょう。**〈ウールリッチ〉**は世界最古クラスのアウトドアブランドだけあって風格があります。バッファローチェックを生みだしたのもココで

す。フィールドにハンティングに出たときに、仲間の誤射を防ぐため、目立つ柄を着ようと考え出されたといわれています。クラシックでレトロな雰囲気を漂わせる**「アークティックパーカ」**なら流行り廃りを超えてずっと付き合っていけるでしょう。

これも名前のとおりかつては極地を想定して作られたものですから、その防寒性は十分レベルです。この野暮ったい雰囲気がいいです。長く愛されて着た名品の匂いがプンプンします。**色はベージュですね**。この色のアウターがあるとぐっと大人っぽくなります。オッサンくさい色でもありますが、それをあえてとりいれるのがコツ。作りがいいので、オッサンくさいんだけど、そのへんのオッサンにはなりません。不思議とならないんです。

ほかに色を取り入れやすいアウターといえば、マウンテンパーカでしょう。ロクヨンクロスと呼ばれる、**〈シエラデザインズ〉**に代表されるマウンパは色を取り入れるのにうってつけです。

ロクヨンクロスは60／40クロスとも表記され、その名のとおりコットン60パーセント、ナイロン40パーセントの配分でつくられた生地です。なんともいいレトロ感満載の風合いです。これに色がのっかると他には出せない、**くすんだような懐かしいような色**になります。

シエラデザインズなら普段選ばない色、たとえば**オレンジや赤あたりも落ち着いた感じになるのでアリ**なんじゃないでしょうか。

ジャケットはアンコンでゆるめのを

ラペルのついたジャケットが、はたしてアウターかというと違いますが、まあカジュアルな雰囲気のものであればアウター的に羽織ることも多々あるでしょう。かなり使えて便利なのであえてここで取り上げます。ちなみにラペルとは、ジャケット特有のフロントの折り返し部分のことです。

ここで推奨するのはいわゆるスーツスタイルで着用するようなカッチリしたジャケットではなく、形は同じでももっとラフに着られる感じのものですね。

そういうカジュアルジャケットはあるととても便利です。

まず、オッサンに似合う。これはそうですよね。スーツ着てるのがサラリーマンのオッサンのイメージでしょうから、素材やシルエットが変わったところで見る人の意識とのズレがそこまでありません。

大事なのはしっかり力の抜けたジャケットを選ぶってことです。ここを間違うと、どこか中途半端なスタイルになっちゃいます。

どこかマジメになりすぎてしまうジャケットも、アンコンならゆるい雰囲気に。スラックス系でないパンツを合わせるのがポイント。

アンコンのものを選ぶのはマストです。アンコンとはアンコンストラクションの略。つまり「構築的でない」ってことです。**具体的にいうと肩の芯がはいってない**ということですね。スーツで着るジャケットには入っているパッドがないやつです。

これだと窮屈な感じがまったくしないので、すごくラクに過ごせます。

素材もくだけた感じのがいいでしょう。ニットでもいいし、デニムでもいいし、スウェットでもいいし、パイルでもいい。ラペルさえついていればもうオッサンの味方です。**柔らかい素材なら袖をぐっとまくってもいい**でしょう。ちゃんとしたジャケットではナシなことですが、アンコンならそれくらいのゆるいノリで着るのが一番いいです。

インにはボーダーのカットソーでもいいし、何気ないシャツでもいい。僕はジャケットのインにTシャツっていうのはあんまりやらないけど、それが好きって人であれば全然いいと思います。

ボトムはカーゴパンツとかクライミングパンツとかイージーパンツとかみたいな、いわゆる**スラックスぽくないのを選ぶといい**でしょう。

スラックス的なチノパンとかだと馴染みすぎちゃって、ゆるさがなくなります。よくいるビジネスマンのジャケパンスタイルと大差なくなっちゃう。デニムだったらけっこうがっつり色落ちしてるやつみたいなほうが雰囲気でます。足元は**「スタンスミス」**のようなスニーカーがオススメです。

こういうコーデだと、いわゆるテイラードジャケットなのにガンバってない、力の抜けたスタイルになります。オッサンに似合うので変に浮くこともないし、シャツとパンツを変更すれば、レストランとか多少のドレスコードがある場所でも対応できます。たかがフロントの折り返しと侮ることなかれ、**ラペルの力は偉大なのです。**

オッサンのための、ガンバらない

アウターの極意3か条

□タイプの違う3着をヘビロテせよ！

□アウトドア系は役に立つ

□芯なしジャケットはオッサンにやさしい

【第3章】

ついついおろそかにしがちだけど……

髪とヒゲでおしゃれ度は格段に上がる

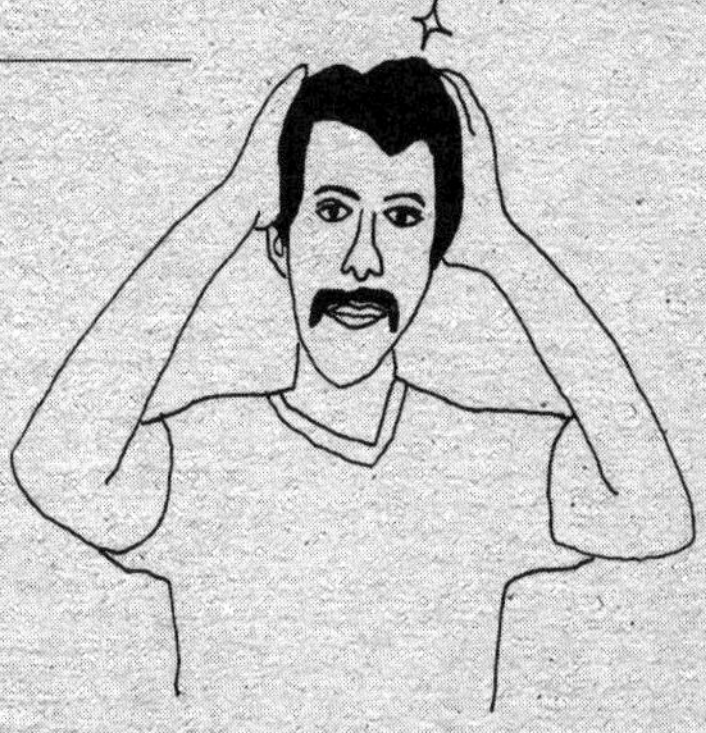

無造作ヘアはナシ。あれは若者用

オッサンに似合う髪型と一口に言っても、それは千差万別。

年齢を重ねれば重ねるほど、髪というものは変化します。

哲学者ヘラクレイトスが「万物は流転する」と語ったように、髪もまさに流転するのです。

細くなったり、コシがなくなったり、白くなったり。

でもそれはそれでしゃーなしですよ。**自然の摂理に逆らってはいけません。**とりわけ本書は「ガンバらない」を目的としているので、それに抗うことはナンセンスです。うまーくつきあっていけばいいんです。堂々としてりゃいいんです。

人間とは不思議なもので、堂々としてさえいれば見てる人が「あの人はあんな堂々としてるんだから、きっとたぶんスゴいんだろう。自分に自信ある人ってカッコイイ」と勝手に勘違いしてくれちゃう生き物です。便利ですね。理由は相手が勝手に考えてくれます。ありのままの自分の髪を受け入れる、すべてはここから始まります。

一番目指しちゃいけないのが、やっぱり**「若く見せようとする」**ってことです。そりゃあ、若かったときはいろいろ髪型も凝りまくって、「なんかツマブキ君みたい～♡」とか合コンで言われたりして、オイシイ思いをした人もいるでしょう。でもあなたはすでに揺るぎない、押しも押されもせぬザ・オッサンです（母音で始まるから正確にはジ・オッサンですかね）。でも大丈夫。**だってオッサンは今やカッコいい存在になったのです**。いつのまにか。

ウソだと思うならさっそく書店に行って、ファッション誌コーナーを見渡してみてください。ホラ、オッサン向けのオシャレ雑誌が花盛りです。オッサン花盛りなんて、ちょっと昔なら吐き気を催しそうな光景ですが、現実はそうなのです。

ベビーブームの産物である現代のオッサンはとにかく数が多いので、そこそこカネのある彼らにいっぱい買ってもらおうと洋服屋もブランドも雑誌も必死です。だから、オッサンがでかい顔してられるサンキューな時代なのです。いわば主役なのです。数の論理は正直です。

結果、若い子も同世代向けのファッション誌には目もくれず、ちょっと背伸びしてオッサン向けのを読んでいる状況です。

これだけいい年した男たちが今カッコイイ、と連呼するファッション誌が多ければ「よく分かんないけど、今はなんか大人っぽい方がイイってことなんだろうナ」と若者が錯覚するのも無理ありません。

……だいぶ話が逸れましたが、つまり要約すると**「オッサンを恥じるな！　変に若者のマネ**

すんな！　どっちかっていうとむしろ若者がオッサンのマネする時代だ！」ということを言いたいのです。そんで、それが如実に出るのが髪型というワケです。そして、若者世代の髪型の代表格といえば、いわゆる〝**無造作ヘア**〟なのです。

「おれもイケてるオッサンになろーっと」という決意のあと、やらかしがちなのがおもむろに鏡の前に立ち、とんとご無沙汰だったマンダムのムービングラバーのスパイキーエッジ（めちゃくちゃ固まるやつ）あたりのパキパキに固まったフタを開け、グシャグシャやりだしちゃうことです。

無造作ヘアって何よ？　という向きのために一応説明しますと、ワックスで髪をつまんでねじって、毛束（ケタバと発音します）を作るのです。それを四方八方にクシャっとさせれば完成です。

僕は髪型の雑誌も作ってきましたが、大学生あたりの若い子向けのヘアカタログだとそれはもう毛束、毛束、毛束のオンパレードです。ページをめくってもめくってもそこにあるのは毛束の嵐。大量の毛束が襲ってきてあわや窒息寸前、というところで夢からさめて汗びっしょりで目が覚める……くらいといえば分かりやすいでしょうか。**とにかく彼らは毛束命なのです。**え？　よく分かんない？　そーですね、つまり、マンガっぽい感じですかね。少年マンガのヒーローはほぼ１００％この髪型です。だいたいイメージ湧きましたでしょうか。

若者だったらハマる無造作ヘアも、オッサンがやると必死な感じがイタい。いいトシになったらクシャクシャヘアは卒業。

で、時代とともに無造作感にも微妙な変化があるんですよ。毛束が太かったり、軽い感じだったり、ウェットでツヤツヤだったり。あとはサイドを後ろに流してたり、分け目をいれてたり。でも素人目にはほとんど一緒です。

若い子らは一風変わった髪型がモテないということを本能的に知ってます。

まあ世の大学生たちはとにかく女子から良く見られたいでしょうから、モテ・イコール無造作ヘアというのも分かります。ヒーローっぽく、アイドルっぽくなるんです。**でも、これをオッサンがやっちゃダメ**なんです。

ファッションって、ある意味**「あえてのミスマッチ感」が非常に効果的**な部分もあるじゃないですか。女子がメンズっぽいカッコしたり、甘めの服に辛めの服を合わせたり。無造作ヘアも「ツルツルした若い子がクシャクシャな髪型してる」っていうミスマッチがおしゃれ感を生んでるという側面もあるんじゃないですかね。オッサンの頭がクシャクシャしてたら、全然ミスマッチじゃなく、**単に寝起きの人、だらしない人、現実を直視できてない人、って思われるのが関の山**です。会社の給湯室で「クシャおじさん」て呼ばれてますよ。

だから今こそ、昔の自分よサラバです。あの頃とは違いますが、大事なのは「変化はしたが、劣化はしてないぞ！」ということです。もっと言えば、進化してるくらいです。だって今は、オッサンがなぜかカッコイイという、ありがた～い時代なのですから。数の論理は素晴らしい。ああベビーブーム万歳！　いままで受験でも就職でも恐るべき競争率の高さによってさんざん煮え湯を飲まされ続けてきたオッサンたちに、人生ではじめて飲みやすい人肌のお湯が出てきましたよ。多いは正義です。多数決は民主主義の根幹ですからね。

結論として、**オッサンが昔のように無造作ヘアにするのはやめましょう**。青春の良き思い出として封印しましょう。

髪を中尾彬ばりにネジネジしてた人も、オッサンの髪にはよくありません。強くねじったら抜けちゃいますよ。もうそういう年代ですから。自分を乱暴に扱える日々は終わりました。己を大切にしましょう。そういう「おしゃれという目的のための謎努力」はもうする必要はありません。

茶髪は百害あって一利なし。まんまの黒が一番

無造作ヘアと同じくらいの破壊力を誇るのが**茶髪**です。モールとかに行くとまだまだけっこういますね。茶髪は……ナシです！ **髪の色は黒一択でお願いします。**

オッサンになって初めて茶色くするって人はあんまり多くないでしょう。茶髪の人は、若いころもずっと茶髪。僕ら世代は茶髪がイケてましたから、その気持ちが多少はわかります。昔は茶髪でないやつはオタク野郎みたいな扱いでしたからね。

カズ、中田ヒデ、中田浩二、福西、鈴木啓太……あのころのサッカー日本代表はイケメン揃いで、多くが茶髪でしたから。

ベンツにセカンドバッグ、ダブルのソフトスーツで契約更改に臨む野球選手より、ポルシェで颯爽と六本木に繰り出すJリーガーがまぶしく見えたものです。

あのころはそれで正解だったのですが、悲しいことに時の流れは残酷です。**当時は正解だったものが、今は不正解になっちゃったんです。**彼らの現在を見ても、茶髪のままの人はもう誰

もいません。彼らが昔も今ももれなくイケてるのは、オッサンになった自分を理解していて、「今はコッチでしょ」と分かっていて、かといってそれをひけらかすこともなく、さらっとやってのけているからなんですね。

そこへいくと、現在の日本代表はちょっとザンネンな感じもありますね。だってパサパサの茶髪の人もチラホラいるから。こと見た目だけの話でいうと（そういう本なんで）、昔のメンツのほうが明らかにカッコよかったのは間違いないと思います。

センスのいい往年のサッカー選手が今は黒髪にしてるんだから間違いないです。髪は黒いままでイジらないのがいいいんですよ。

「でも、なんか黒いままだとなんか重いんだよね」。これ、よく聞きます。黒だと重い。分かります。で、何か問題ありますか。**重くて全然いいでしょう**。イヤでもこれから軽くなっていきますから。

かつては軽いが正義みたいな風潮がありましたが、オッサン化した今は価値観逆転です。

何よりも、いちいちブリーチしたり染めたりしなくていいんだからラクでしょう。カネもかかりますしね。今は「必然性」の時代です。**無理してカッコつけてるのが透けて見えちゃうと引かれる時代**なんです。染めたりする貴重な時間とカネは他に充てましょう。自分の好きなこと、やりたいことに使いましょう。

白髪はカッコいいから染めるな

白髪問題、ありますね。

でも白髪、いいじゃないですか。そのままで。

黒く染める必要全然ないですね。白髪が出てきたら喜びましょう。まんまが一番ですよ。

先ほど重さ、軽さ問題について話がでましたが、そういや**白髪混じりになるといい具合に見た目に軽さがでます**。これこそ、ガンバらずにカッコいい好例です。白いのがちょっと混じるくらいでもいいし、真っ白になってもそれはそれでいい。天然の黒と白の割合こそ、自然界の崇高なバランスだと思ってありのまま受け入れましょう。

たとえば僕の場合、左サイドだけ白髪がやたら多いままです。普通なら「左側の横だけ白くなってて変でしょう」となりそうなものですが、この「自然の変さ」がいいんです。狙ってもできないこのバランス。こういうのを楽しみましょう。

髪に白髪が出てくると、同時にヒゲにも白髪が混じってくるものです。

ヒゲの白髪は短くしといたほうがいいです。白いヒゲが長いと、オッサンを通り越してジ

白髪が増えてきたら短髪にするのが正解。伸ばしすぎると老けて仙人みたいな風貌になっちゃうので注意しましょう。

イサンみたくなっちゃうんですよね。服装自由な仕事してる人は、若い頃からずっとヒゲ長めにしてる人けっこういると思いますが、**白髪が混じってきたら3ミリから5ミリくらいに短くする**のを推奨します。結果いわゆるゴマシオになりますが、これはこれでアリですね。

坂本龍一のように長めの白髪ヘアもいいもんですが、やっぱり一般社会を生きるオッサンにとっては若干ハードルが高いのは否めません。

なんか妙にアーティな雰囲気でますよね、白髪のロン毛は。本家のように本当に才能があればいいんですが、アート感、クリエイティブ感出まくりなのに実際はゼロということだと周囲のがっかり感半端ないので、僕的には**「白髪が増えてきたら短髪にせよ」**を推したいです。

横と後ろをがっつり刈り上げて、グリースをたっぷりつければいいだけです。白髪とグリースのツヤ感が超絶相性バッチリなのです。よく「スタイリング剤はつけすぎNG」といいますが、ことグリースに限っていえば、ちょっとたっぷりめにつけたほうがいいです。**人差し指でがっつりとるイメージ**です。しばし「小指の先くらい」という表現がなされますが、それじゃ少ないですね。**「小指の3分の2くらい」**ですかね。つけすぎなくらいでないと、パサ男になっちゃいますから。

刈り上げが好きじゃないという人は、無理してやる必要ないです。

ただ、スタイリング剤をつけないと、白髪はくたびれた感じに見えちゃいますね。何かしらつけとけばいいと思います。

あまりベタベタさせたくないという人には、**〈ジョンマスターオーガニック〉の「シーソルト」**がオススメです。ただの塩水なので、頭皮についても問題ありません。ただ、本当に「ただの塩水」なので、そんなん自分で作れるよと言われたらそれまでですが。

自作もアリかも分かんないですね確かに。そういうDIY精神、今っぽいと思います。まあ僕はやんないですけど……。

デコ全開なら誰でも知的に見える

グリースの量の話が出たので、スタイリング方法についても触れときましょう。
あくまで「ガンバらない」が基本原則ですので、ここでもそれがベースとなります。目指すのは、**「グリース適当につけときました感」**です。丁寧に時間をかけてやる必要はありません。だって朝、忙しいでしょう。歯磨いたり着替えたり、ペットにエサあげたり。髪型ごときに時間かけるくらいなら寝ていたいと思うのが人間です。**スタイリングは3分以内で終わらせましょう**。

ただ、服と髪は別ものであるのもまた事実です。髪に限っていえば、きっちり感を出すのもいいと思います。つまり、ラフな髪型でも、きっちりヘアでも、髪はどっちでもアリ。何かつけてさえいればOK、そんな感じだと思います。ここでベストなスタイリングの流れを説明しますね。

グリースなら**〈デニス〉**とか**〈バード〉**の**缶入り**がいいんじゃないですかね。オーガニックなので肌にやさしいし、硬すぎず柔らかすぎずのちょうどいいホールド感です。缶のデザイン

グリースはとても楽ちん。指でグリースをちょい多めにとったら、両手全体にいきわたらせて髪に満遍なくつけていき、ガッと後ろに流す。これだけでイイ感じになります。

がいい感じだから、そのへんに放っぽっといても絵になります。ツヤが嫌いという人には**〈モデニカ〉の「マッドワックス」**がオススメです。オッサン特有のネコっ毛でもコレならキマります。

まず、指にとったスタイリング剤を手のひら全体に伸ばします。さらに両手の指をクロスさせて、**指のあいだにもいきわたらせてください**。髪は指のあいだを通るので、これ大事です。

手がベタベタになったら、後頭部、サイド、上、前の順にまんべんなくいきわたらせる。つい前を最初につけがちですが、**前髪につきすぎるとペタッと重たい感じになっちゃう**ので、他の場所につけた残りでやるくらいでちょうどいいのです。

全体につけ終わったら、両手で一気に後ろに流します。フロントからバックにかけて一気に。ハイこれでおしまい。つまり、**デコ全開にする**ってことですね。一番はじめにドライヤーで大まかな方向性をつけておくとよりやりやすいです。

オッサンの前髪は鬼門です。だから潔くデコ出ししましょう。え、「デコが広いからイヤだ」？　デコが広い人ほど、前髪を作ると悲しい感じになります。**広いデコを全開にすることで「堂々としたヤツ」感が出る**のです。もうね、隠すことは不可能なんですよ。ならば、出すしかないんです。バーコードが辛いのはそういうことです。オールバック的なのが好きじゃなければ、前髪を横に流す感じでデコ出ししましょう。その際多少前髪がパラっと落ちてきても問題ありません。

デコ出しヘアには、知的に見せてくれる効果もあります。芥川龍之介も野口英世も、頭いい人はみんなデコ出ししてるでしょう。目指すはアレです。実際はバカでも利口でも関係ありません。それは受け手が想像して決めることです。キッズにはこの雰囲気は出せません。オッサンの特権をみすみす逃す手はないです。

きっちり派の人へ。コームでまっすぐ分け目を決めて、そこからきっちり両サイドに流しましょう。コームの歯跡をつけるイメージで。**〈ケント〉**の、歯と歯の間隔が2種類に分かれてるやつだと便利です。

前髪は男のブリッコと紙一重。カワイイ自分よさらば

どこで髪を切ったらいいかっていうのは悩みどころですよね実際のところ。

ずっと通ってたところならいいのでしょうが、読モみたいなのでごった返してるおしゃれサロンに新たに行くのは気がひける。よくわかります。**ひけて当然です。**ひけない人はかなり図太い人か、周りがまったく見えてない人でしょう。悪い意味じゃないですよ。そういうところに気にもせず入っていけちゃう人はたいていが成功者です。そういう人が勝つ世の中です。が、なかなかそうもいかない人はどうすればいいのか。

１０００円カットも気が滅入るでしょうね。「あー昔はオレもそこそこおしゃれに気を使ってたのに、ついにここで切るようになっちゃったかぁ」と禁断の扉を開けてしまったような虚脱感に襲われない保証はありません。

おしゃれヘアサロンに行くのはさすがに厳しいし、かといって１０００円カットも切ない。

じゃあどうすりゃいいのよという人は、**いい感じのバーバーがけっこう増えてるのでオスス**

イイ感じのバーバーは「どこで髪切る」問題に悩むオッサンの強い味方。美容室のように気取りすぎていないし、顔ぞりはクセになるほど気持ちいい。

メです。

たとえば**世田谷・下馬の「バーバーショップキング」**などはオッサンが気後れしない雰囲気を備えてます。男っぽいというか。たぶんヘアサロンには女子っぽい雰囲気が少なからずあるから、オッサンとしては違和感を感じるんでしょう。

バーバーがいいのは、**顔を剃ってくれる**。これはナイス。超気持ちいい。北島康介ばりにうなってしまいます。とくにいつしか床屋から美容院に切り替えてしまった人は、時を超えてあのころの皮膚感覚を呼び覚ますことになるでしょう。

例えて言うなら、サウナのあと、水風呂に浸かったときのトリップ感というか……。なんかちょっと違うような気もしてきましたが、まあとにかく気持ちいいってことです。**蒸しタオルがまたいいんですよね**。なんなんでしょうねあれ。顔に蒸しタオルのせるだけの店やれば、けっこう流行りそうな気がしてくるくらい最高です。

あとは、安いですね。美容院よりちょっと安いです。顔剃りなくせばもっと安いですが、これはケチらずやっときましょう。なんせオッサンの特権ですから。

「バーバーだと全部あのアイビーカットみたいにされちゃうんじゃないの、9：1分けみたいな」と不安になる人もいるでしょうが、大丈夫です。一見怖そうなニイちゃんもじつはいい人ばかりで、ちゃんと要望聞いてくれます。特にオーダーなんてないって人は**「男っぽくスッキリと」くらいに伝えておけば、まあいい感じにしてくれる**でしょう。

バーバーでは前髪もガッと立ち上げてくれるでしょう。前髪を下すのは甘えです。昔の名残で、太い毛束一本をオデコの真ん中に垂らすことでMの字を描く通称「M字バング」などもってのほかです（ちなみにバングとは前髪のことです）。

オッサンの前髪は上げるか横に流すかして、デコを出しましょう。サイドは刈り上げか、グリースでグッと押さえましょう。横がふくらんでると、見た目もイマイチになります。

ヒゲは許される環境ならマスト

さて**ヒゲ問題**です。僕はこれまで比較的自由な環境に身を置いてきたのでヒゲもずっと生やしてましたが、最近は普通の企業でもヒゲ生えてる人けっこう見ますね。

まあ**生やせる環境なら生やしたほうがいい**んじゃないですかね。日本人の顔はメリハリに乏しいというか、余白が多いから、なるべくその余白を埋めたほうが引き締まります。顔の上半分はメガネ、サングラス、帽子あたりで埋めるとして、下半分はヒゲでしょうね。ヒゲ以外は埋められるものがないので。

「薄すぎてスカスカになっちゃう」とか「濃すぎて石油王みたい」などと言う人もいますが、心配無用です。**ただ生やして、ときどきバリカンの3ミリか5ミリで短くするだけでいい**のです。自分の生え方の個性を生かしましょう。まあ早い話が陰影さえつけばいいんですから。

長さは好みですが、僕はこの2つを使い分けてます。とくにTPOなどの理由があるわけではなくて、気分ですね。それも毎日やる必要はないです。朝鏡を見て「なんかヒゲ伸びてきたなあ」と思ったときがやりどきです。

メガネとヒゲは、あるだけでなんとかなっちゃう魔法のアイテム。ただしヒゲは伸ばしすぎに注意。3～5ミリ程度の長さがちょうどいいでしょう。

バリカンマスターの人は、顔のコンプレックスを補うテクを持ってます。エラが目立つならそこのヒゲはやや短めに。顎ナシの人はアゴヒゲを多めに残すことでメリハリをつけたりと。そういうときにもバリカンの長さ調節機能が役に立ちます。

こういう使い方もできるのでやっぱりバリカンが便利ですが、持ってない人は無理して買う必要もないです。

ハサミです。このオールドスクールな文明の利器で、ジョキジョキ適当に切ればいいのです。**ついでに鼻に突っ込めば、鼻毛も切れますから。**

ヒゲを生やしていると、鼻毛が伸びててもあまり目立たないせいか、やたら伸びちゃってる人いますね。「そんな適当でいいんですよ」と言いたいところですが、鼻毛はアホっぽさが全開になる破壊力抜群アイテムなので、そこはちゃんと切っときましょう。抜いてもいいんですが、なさすぎても風邪ひいちゃいますから。痛いし。切った方がいいんじゃないですかね。

意外とやらかしがちなのが、ヒゲを丁寧に整えちゃうこと。

プリンスみたく完璧なナルシストフォルムを形成してる人。これは**頑張ってる感が出過ぎちゃうからナシ**ですね。

日本人のフツーのオッサンは無精ヒゲでいくべきです。

必死の手入れをしている時間を想像したときに萎えるってあるじゃないですか。

プリンスレベルの、それこそ超越した人であれば何でもいいんですよ。そうでない普通の人は適当に短くするだけっていうのが一番ですよ。

極論すれば髪、ヒゲ、メガネにさえこだわっとけばあとは適当でもいい

顔まわりってのは何だかんだでやっぱり重要で、目立つんですよ。

誰だって**初対面だと最初に目がいくのは顔**でしょう。となると、顔でやれることといえば、**髪とメガネとヒゲ**、これくらいしかないんですよね。逆に言えば、これさえちゃんといい感じになってれば、もうかなりの割合でバッチリなわけです。

ここまで、かなりラクな髪の扱い方をやってきたつもりですが、これでも面倒臭いっていう人は必ずいるでしょう。

そんな人は、**もう帽子しかない**でしょうね。

具体的な帽子の効果については第6章でやりたいと思いますが、まあ便利なアイテムですよ。髪だったらスタイリング剤使ったり、ドライヤーくらいはあてないとっていうのはありますが、帽子だったらそれこそ頭に乗っけるだけですからね。

だから超便利ですよね。僕もいっときは帽子ばっかりかぶってました。帽子って、かぶらな

帽子もまた違いを生み出せるアイテム。「なんかヘアスタイリングがメンドくさい」って日にこそぜひ。

い人はまったくかぶらないじゃないですか。「帽子似合わないから」とか言って。

だから、**帽子かぶっとけばそれだけですでに差別化ができて、「オシャレ感」を生み出せる**っていうスグレモノでもあります。

ただ、帽子にもデメリットがあるんですよね。

それは、**「かぶれないシチュエーションがある」**ってことです。

いくら自由な会社とはいえ、大事な商談とか、重要な会議中などはさすがに無理なところが多そう。あとは葬式とかも当然ダメですよね。

まあエラい人が同席するような場所は軒並み自主規制、な感じですね。

それはそうでしょう。帽子はちょっと無礼なアイテムというのが昔からのポジションですから。

これでもちょっとずつ変わってきたんでしょう

けど。今でも食事中とかはやめるべき的なのが根強いですよね。

で、そういうかぶれない時間が、けっこうしんどいんですよ。これが帽子の最大のデメリットでしょうね。ずっと帽子のあとをつけた状態で過ごすことになります。あれは見た目的にはうーんって感じですね。

だから**やっぱり「テキトーなスタイリング」を覚えておくと万能**です。そういう髪型は夕方あたりには崩れてきますが、それでいいんです。パラっと崩れてきてるくらいがいいんです。そのあたりは自然に任せて、なるようになればいいんです。偶然の産物が良い結果をもたらすのです。

髪がいい感じになれば、あとはヒゲを適当に生やして、メガネをかけとけばいいだけですね。ああ簡単。明日から早速実行しましょう。

この**髪、ヒゲ、メガネの3点セットは、基本どんな顔型の人にも似合います**。すべてをアジに変えてくれます。だからヒゲＯＫな職場ならやらない手はないです。休日は帽子をかぶっときましょう！

オッサンのための、ガンバらない

髪型・ヒゲの極意3か条

□パサパサはダメ。何かつけとくべし！

□カワイイ感じは狙わず、男らしく堂々とせよ！

□ヒゲもできるなら生やそう。整えすぎないこと！

【第4章】

「どれも一緒でしょ?」なんてとんでもない
じつは重要!
パンツ・デニム選びの極意

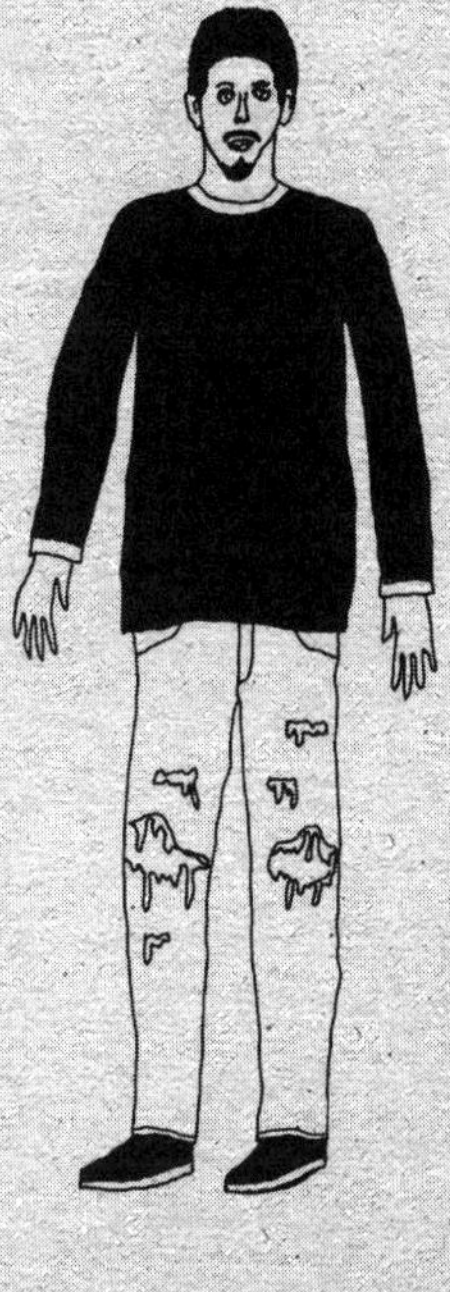

黒パンはいいけど、黒スキニーはやめとこう

パンツって、トップスにくらべてどうも軽く見られがちな傾向があります。

確かに何か服を買うってときに、まっさきにパンツをチェックするって人は意外と少ないでしょう。確かに人の服でパッと目がいくのはトップスです。これは間違いない。

かといって、パンツが何でもイイかっていうとそうでもない。**世のおしゃれな人は、朝に服を選ぶときパンツから選ぶ**といいます。全体にみてトップスとほぼ同じ面積を占める服ですから、すごく重要です。

世間のオッサンはパンツなんてどーでもいいって人が大半でしょうから、**ここに気を配れば一気に「フツーのオッサン」との差別化になります**。ここではぜひ、パンツは大事だってことを覚えておいてください。

まず、何はさておき1本は持っておきたいのが**黒パン**です。

黒スキニーじゃなくて、黒パン。

細身であってもいいんですが、スキニーはオッサンにとってちとやりすぎです。大人の男は

ピッタピタのスキニーパンツは残念ながら若者の専売特許。オッサンには似合わないので、無理せず楽に動けるジャストサイズのパンツを選びましょう。

足の細見えを目指す必要性はありません。細い足を強調されると逆に気持ち悪いです。かといって太い足にスキニーだと目も当てられません。どう転んでも、**ピッタピタのスキニーはオッサンに不向き**です。

あれは大学生向けです。大学生はオーバーサイズの白Tに黒スキニーで十分サマになります。ですが、人生という辛酸を舐めつくした、あらゆる業という業を背負いまくったオッサンにとって、スキニーは窮屈すぎます。オッサンはもっと解放された存在でないといけません。

無造作タバ感ヘアもそうですが、やっぱり若い人には似合って、オッサンには絶望的に似合わないものっていうのが確実に存在するのです。簡単な見極め方をお教えしましょう。基本的に、**若者に迎合するようなものはすべて似合いません。**

オッサンはオッサンらしく、その道でかっこよさを追い求めましょう。若いやつらの土俵にこっちから乗りにいく必要は皆無です。

で黒パンです。**理想はちょっとテイパードしているやつ。**腰回りは少しゆったりめ、裾にいくにしたがって細くなってくるやつです。

足の短い日本人もこれならバッチリごまかせます。シルエットに加えてこの黒っていうのがコンプレックスを打ち消してくれます。主張度合いだけが服の効果ではありません。打ち消すこともできるのがいい服です。目立たせたくないもの、存在を控えめにしたいもののために服を利用するっていうワザも覚えておきましょう。

裾をロールアップするのもいいでしょう。黒パンはちょっと重いので、ロールアップと相性がいいです。ぐっと軽快になるので試してみましょう。くるぶしを出してもいいし、冬ならソックスを見せてもいい。ただし、**その際のソックスは無地がいいでしょう。**柄ソックスを出すのはちょっと若いかなって気がします。白すぎない生成りとかを自然に見せるのがいいでしょう。ソックスは自然なたるみがあるくらいがベスト。ぴっちり伸ばしすぎてると小学生みたいです。

何はさておき、まずはジャストサイズの黒パンです。これがあるだけでほぼすべてのアイテムに合います。ピチピチのスキニーはやめて、少しゆとりのあるシルエットを選びましょう。

ラクなタック入り、復権

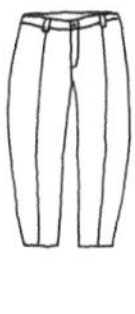

タックが入ってるパンツもいいです。ちょっと前までタック入りはダサさの象徴でしたが、ここにきて見直されています。確かにタックにしか出せないシルエットがあるんです。**とりわけテイパードシルエットとの相性は抜群**。どうせならツータックくらい入っているとより効果があります。

タックには機能性があります。オールドスクールな動きやすさです。立ったり座ったりするのに腰まわりの太さや形はかなり変化します。これがタイトなパンツだと対応しきれずに苦しくなります。ストレッチがはいっていればいくぶんラクですが、どこかタイト感を感じることには変わりません。

そこへいくとタックは空間的余裕を生むので、**どんな動作でも苦しくありません**。アクティブな大人にとって、自転車に乗ったり、クルマで移動したり、街で生活するうえでも動き回らないといけません。そんなときにタックパンツの機動性が生きてきます。見た目的にもいいです。暴飲暴食と運動不足で太くなったモモをカバーしてくれます。

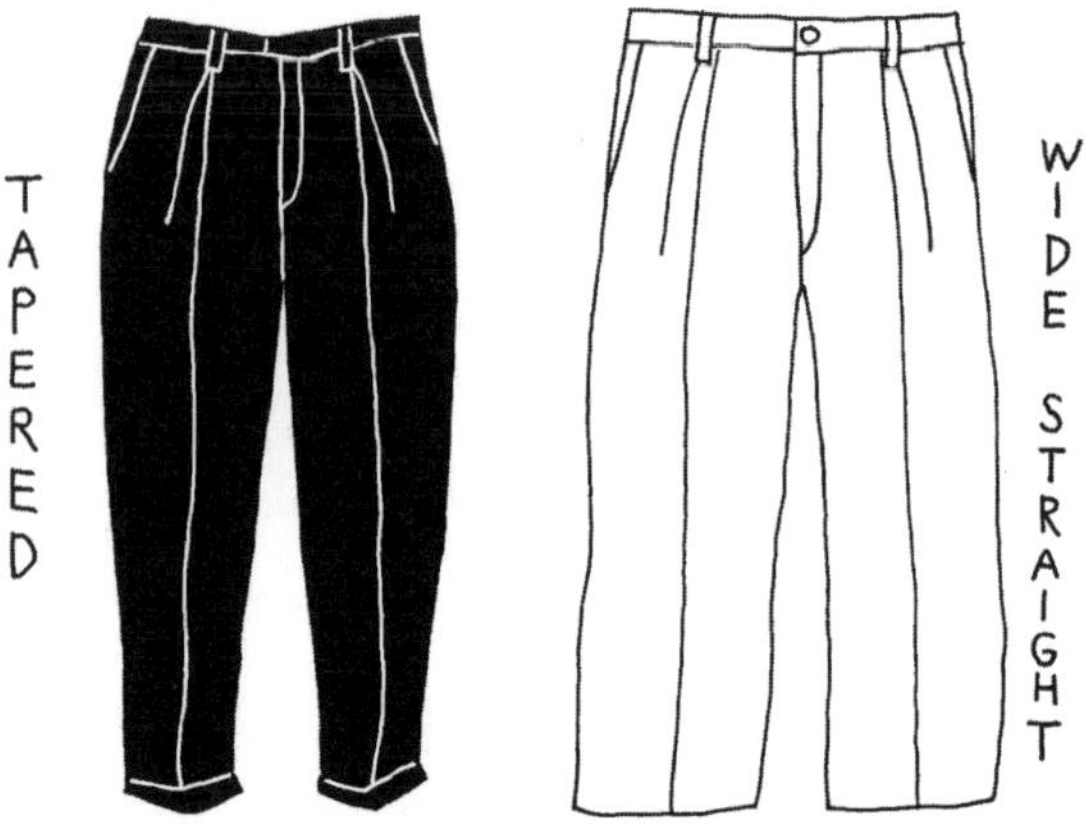

タック入りパンツも狙い目。シルエットでいえばワイドストレートはやや上級者向けなので自信がない人はテイパードからはじめましょう。

テイパードが好きなじゃないって人には**ワイドストレート**って選択肢もあります。これは腰回りでタックにより太くなったパンツが、そのまま足元までまっすぐ落ちているシルエットのことです。まあ**学ランでいうドカン**ですね。

あまりにもドカン感が強いとハカマみたくなるので、素材感は意識しましょう。コーデュロイとかなら違和感ありません。

ただ、テイパードは誰がはいても似合うし、どんな服にも合いますが、ワイドストレートになるとクセがあるのでちょっと手強いです。

つまり、普通のオッサンは着ないおしゃれパンツなので、他のアイテムにも気を配らないとボトムだけ浮きます。

まずはタック入りテイパードで肩慣らしして、自信がついてきたらワイドテイパードにいくのがいいかもしれませんね。

ブランドも大事です。変なシルエットや素材感のタックパンツは、それこそ**ヤクザルックと紙一重**です。着こなしでどうこうなるもんじゃないので、すでにちゃんと計算してある、はくだけでイイ感じになるパンツのブランドを選びましょう。

タックパンツだと〈**ニート**〉というブランドのが調子いいです。**パンツしか作ってない専業ブランド**です。もともと〈**ブルックス ブラザーズ**〉で働いていた人が手がけているので**シルエットには並ならぬこだわりがあります**。パンツ以外のアイテムを作らないってことは、ここに相当な自信をもっている証拠でしょう。

ひたすらタックパンツというのもユニークです。個人的にはシアサッカー素材を使用した軽快でラフなタイプがオススメです。

クライミングパンツこそオッサンの駆け込み寺だ

締めつけるパンツは動きにくいし、見た目的にもオッサンに向かない。

となると、いちばんいいのは**ラクに動けてかっこいいパンツ**ってことになります。

その答えこそが、**クライミングパンツ**です。

もともとは登山やロッククライミング、ボルダリング等ではくパンツです。

山は難所の連続です。大きく脚を開いたり、岩肌にこすりつけることもあるでしょう。そうしたアクションを想定して作られているので、日常生活なら何ら不便はありません。


いちばんの特徴は、股のところです。このセンターのところに切り替えがなく、**180度ストレスなく開脚できる**ようになっています。

あとはベルトループの代わりに、ウェビングベルトというのがあらかじめついています。なのでわざわざ別にベルトを装着する必要はありません。

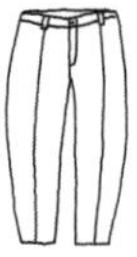

これは片手で調節できるラクなものです。端を持って引っ張れば締まります。締めるとベルト部分が余るので、これは自然に垂らしておきましょう。これが案外いい感じのアクセントになります。

圧倒的に支持されてるのが**〈グラミチ〉**です。色も形もすごいバリエーションがあるし、かつリーズナブルなので、幅広く支持されるのもうなずけます。

フルレングスのパンツもいいし、ショートパンツもすごくいい。洗濯するうちにイイ感じに色落ちしてくるので経年変化も楽しめます。

ただし問題がひとつあります。グラミチのいちばんベーシックなパンツはフロントにジップがついてません。**トイレにいったらそのままズリ下げないと用が足せない**わけですが、意外とコレがやりにくい。

まあジップがちゃんとついてるタイプもあります。単純にそっちを選べばいいだけなんですが……。僕はオリジナルが好きなので。

グラミチだとあまり人とカブってちょっとという人は、**〈ロックス〉**っていうブランドもあります。

短かすぎショーツは一つ間違えれば変態。オッサンはヒザ丈で

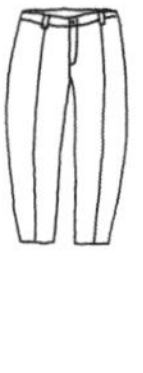

ショートパンツの丈は大事です。どちらかというと短めが全盛ですが、極端ともいえるめちゃくちゃ短いショーツはなりを潜めつつあって、だんだん標準の丈に戻りつつあるのが現状です。普通より長めのショーツも出てきているし、ネパールの兵隊が着用したものがモチーフの**グルカショーツ**というぼってりしたフォルムのショーツも増えていたりします。

まあ、長めはけっこう難しいので、ちょい短いくらいがはきやすいんでしょうが、短かすぎなショーツはけっこう危険をはらんでいます。

たしかにスッキリした感じにはなりますが、あまりスッキリしすぎなオッサンは凶器にもなりえるのです。

大きめトップスでかなりの短丈ショーツだと、パンツがほとんど見えません。下手すると下半身裸でウロウロしてるヤバめの人と思われるかもしれません。

解決策としては、**長くもなく、短くもなく、適正な丈にすればいい**んですよ。

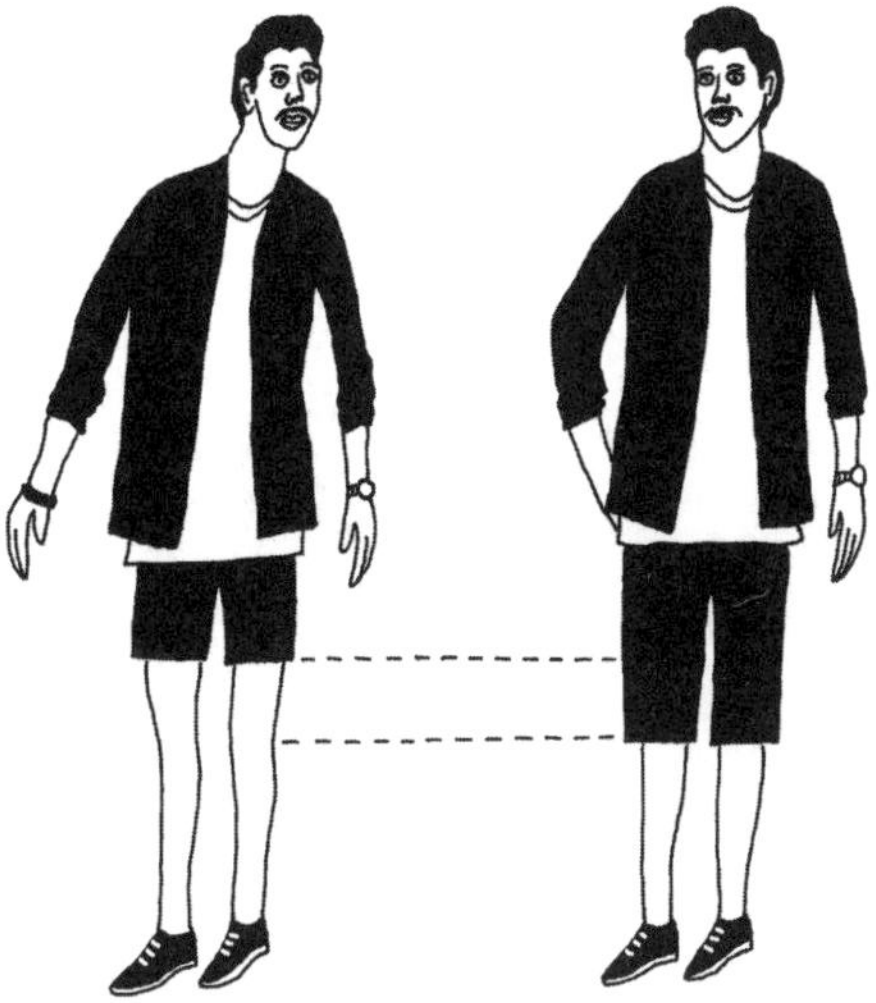

ショーツの丈には気を配りたいところ。短かすぎると変態臭が出るので注意。
長すぎるのも合わせるのが難しいので、ひざ丈のものを選びましょう。

探せばぴったりのが見つかるはずなんで、ちゃんと試着することをおススメします。**目安はヒザです。** ヒザ丈であれば座っても真っ白い太ももがそこまであらわになることもないし、歩いていてももっさりしすぎることもありません。今っぽさを狙うより、オッサンはあえてちょい野暮ったいくらいがちょうどいいんじゃないですかね。

真夏なら、あえての海パンっていう選択肢もあります。たとえば「ボードショーツ」とか「サーフトランクス」とか呼び名はいろいろありますが、いわゆるサーフィン用の水着を街ではこうっていう流れです。これはアメリカ西海岸のカルチャーですね。

ロスのヴェニスビーチやアボットキニーあたりは街と海が絶妙に絡み合ってるとこ

ろなのでこういうスタイルがぴったり合います。日本でも湘南あたりだったら違和感なくハマるし、現にそういう人がウヨウヨいます。**〈ナルトトランクス〉**はそのレトロ感もあいまって、すごくいい雰囲気になります。**〈バードウェル〉**なんかもカラフルでプライス的にもお手頃なんでいいいんじゃないですかね。

ただ東京とか大都市で、まったくそういうマインドがない人がやるにはちょっとハイレベルかもしれませんね。

やっぱり海が好きな人がやったほうが説得力あります。あと、ちゃんとしたボードショーツはポケットがついてないことが多いんで、そのへんは差し引いて考えましょう。

ボードショーツに限らず、自分の生活や趣味と服がぴったり合うんならぜひ今までやってなかった着こなしにもチャレンジしてみましょう。服でこうしたチャレンジをするのもまた楽しいものです。

ジーンズは簡単そうで、じつは一番〝おしゃれに見えにくい〟服

誰もが持っていて、いちばんはく頻度が高いパンツといえば、間違いなくジーンズでしょう。それほどまでに日本人の生活に深く定着してるパンツです。

多くのオッサンが、休日には何も疑いなくジーンズを着用してるでしょう。しかし、**ジーンズはじつはかなり難しいアイテム**なんです。どこが難しいかというと、まずその普及っぷりでしょう。あまりにも国民服なので、おしゃれな人もはいてますがダサい人もたくさん着用しています。**違いを出すのがけっこうなハードル**なのです。

とりわけそこそこに色落ちしたブルーデニムだと顕著です。10人いたら半分はコレじゃないですかね。脚の長さで差別化できる人はいいと思いますが、たいていのザ・日本人はそうじゃないでしょう。ディテールの違いや加工の精度はあれど、パッと見だとそこまで分からないことも多い。

加えてシルエット問題もあります。スキニーデニムはやっぱり避けたい。ワイドデニムはお

しゃれ難易度高いのでリスキー。かといってジャストサイズだとなんか普通すぎ……。

やっぱり**ジーンズってもともとスタイル重視のアイテム**なんです。おしゃれ云々というより、どちかっていうと古臭い「昭和のかっこいい人」がハマる服です。脚の長いアメリカ人がはけばサマになりますが、どうしても日本人体型ではそうなりにくい。

それでもジーンズをはきたいという人へ。この問題を解決するには、**まず「濃色デニム」を選ぼう**ということです。

濃色とはつまり、リジッドデニムやワンウォッシュといったデニムです。

リジッドは生デニム。まだノリがついてるパリッパリのやつです。対してワンウォッシュは1度洗いをかけたものです。リジッドのカチカチ感はなくなっているものの、1度洗ったくらいで色は変わりません。リジッドもワンウォッシュもムラのない**「濃いインディゴブルー」**です。

これは**ジャストより2インチくらいあげてはく**のをおすすめします。タイトなやつだとそもそも動きづらい。やっぱりこの手のデニムは硬いので、ジャストですらストレスです。

裾はロールアップしておけばいいでしょう。ちょっと多めにまくってくるぶしが見えるくらいがベストだと思います。長めで路面のアスファルトにこすりながらはいてる人もいますが、あれだとすぐビリビリに破れてかなりだらしない感じになるのでやめときましょう。

ウエストまわりはいわゆる**「腰ではく」を実践**しましょう。

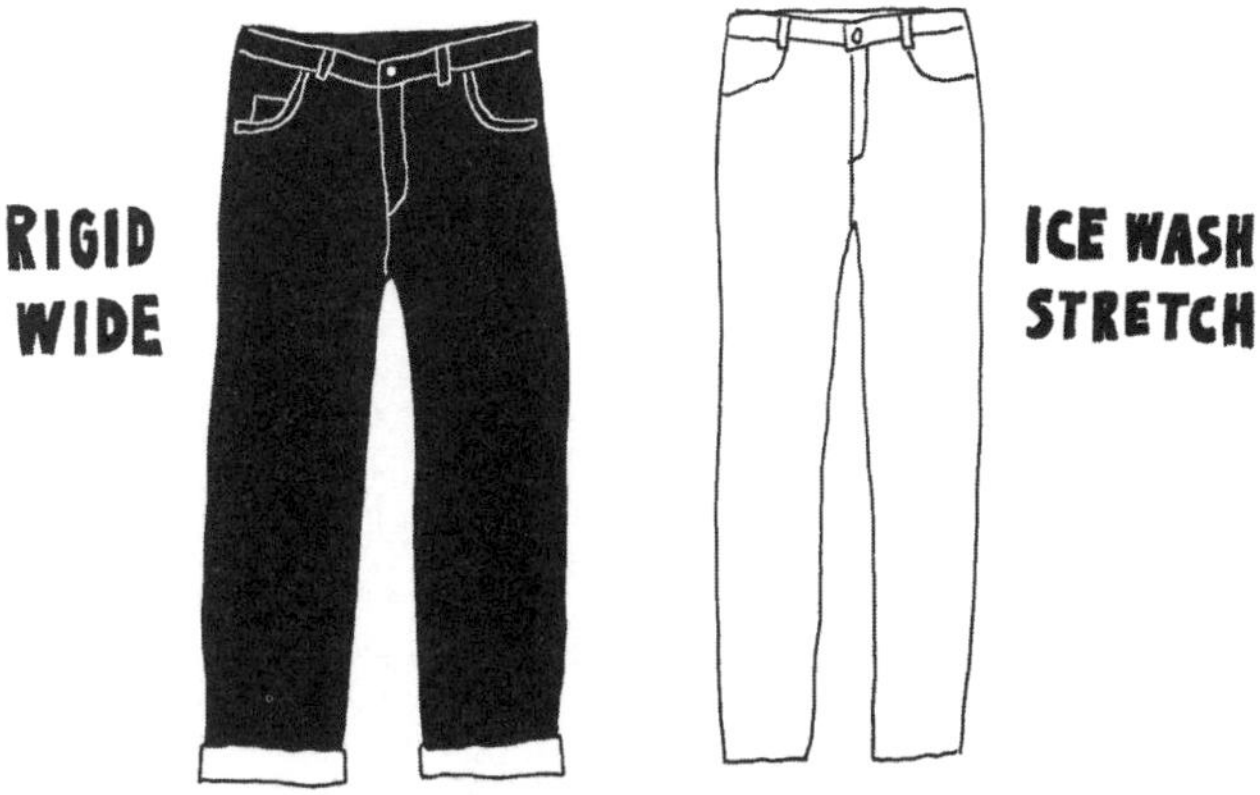

違いを出すのが難しいデニム。リジッド、もしくはワンウォッシュのやや太めのストレートか、色あせた風合いの細めのストレッチデニムがいい。

といってもここで誤解を生みやすいのですが、ズルズルに落としてはこうというわけじゃないです。両サイドの腰骨のあたりですね。ここにひっかけるくらいのバランスではくのが一番いいです。これより下にいくとＹＯ ＹＯ！ な感じになっちゃいますし、上すぎるとアキバ風になっちゃうので。

あとはポケットにいろいろモノ入れたり、手を洗った後はおもむろにデニムでゴシゴシふいたりして、テキトーにはきましょう。そういう日常で育っていくものです。

次に**「薄青の細身ストレッチデニム」**です。色はかなり薄くなって白に近い水色くらいのがいいでしょう。**「アイスウォッシュ」とか呼ばれてるやつ**です。

ストレッチは利いていたほうがいい。単純にそのほうが動きやすいから。あと大事なのが**あくまで「細身」であって細すぎないこと**。ピタピタでパッツパツの薄色デニムは気持ち悪い。**目安はもともとふくらはぎのあたりにシワがちゃんと寄るかどうか**です。ここがパッツパツに張っているようだとタイトすぎるということです。

シルエットはストレートかテイパードで。世にはブーツカットやシューカットなど、裾にいくにつれ広がっていくシルエットのジーンズがありますが、これは脚の長い人用ですね。脚短い人はブーツカットは似合わないし、それ以前に裾をロールアップするにつれ広がっていくところがなくなっちゃうという事態に陥るので。

こういう薄色デニムでワイドだとなんか安っぽいので、この色はすっきりとはくべきです。

つまりまとめると、**デニム攻略法は、多くの人とカブるいわゆる「超フツーのブルーデニム」を避けましょう**ってことですね。「濃いインディゴの太めデニム」か「薄青の細身ストレッチデニム」がオススメってことです。

それでも、どうもピンとこない人のために、まったく別次元アプローチでのデニム攻略法があります。

それは**「デニムをはかない人」になることです**。

せっかく他のアイテムにこだわってもデニムはそれを一瞬で打ち消す恐ろしいパワーを秘めています。なので、手を出さないっていうのが人によっては意外と正解だったりします。

かくいう僕も、あまり積極的にははきません。まあアメカジ大好き人間でもないので、はかなくても困らないっていうか。嫌いなわけじゃないし時々ははきますよ。そういう気分の日もあるんで。ちょっとくらいコーヒーとかこぼしても気にならないし、色落ちする過程を長く楽しめるし、利点はわかります。本来すばらしい服なはずなんですよ。でも、正直着にくい。

でもこれはオッサンである僕がいまだに「これだ」っていうジーンズに出会っていないからかもしれません。まあけっこう前から「あまり積極的にはかない」って決めちゃってるんで、単純にトライ量が少ないってのもあるのかも。そのうち「これだ！」と思える愛用デニムパンツに出会える運命なのかもしれません。

でも無理してはく必要はないと思いますよ。なんせ世の中いろんなパンツがありますからね。「うーん」と疑問を感じながらはくのはガンバりすぎでしょう。なるべくストレスなく服は着るべきだと僕は考えているので、着用ストレスはもちろん、**思考面でストレスになることも極力避けるべき**だと思うのです。

一般にはダントツ1番人気のパンツです。雑誌もデニム特集だとよく売れます。ジーンズをはかない人生なんてイヤだ！　という人も多いでしょう。誰にとってもいつかは克服するべき壁なのかもしれません。なので、**ちょっと人と違うデニムを選んで、徐々に自分のものにしていくべき**なんでしょうね。その過程を楽しみましょう。

とくに流行ってないけど使えるカーゴパンツ

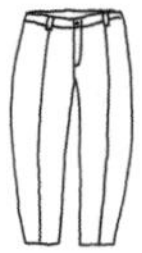

けっこう存在すら忘れられてる感もありますが、**カーゴパンツはなかなかいい**です。地味にすごく使えるパンツです。ミリタリーのトップスはあんなに人気なのに、なんでカーゴパンツは流行らないんですかね。不思議です。

カーゴの魅力は、**丈夫、太い、ポケット多い**、といったところ。

まず、タフです。そりゃそうですよね。軍モノですから。ちょっとやそっとじゃ穴なんて開きません。汚れても傷ついてもそれがアジになってくれます。このへんはミリタリーの真骨頂ですね。

あの太さもいいですね。軍隊では動きやすさが大事なんで太くなってます。もちろんストレッチとかない時代にできたものなので。この「太きゃ動きやすいだろ」っていう発想がまずいいし、そのとおりだと思うからです。

見た目もいいです。カーゴパンツはおしゃれデザインで太いわけじゃなく必然性を備えてい

あまり注目されないカーゴパンツだが、じつはトップスを選ばない優秀なボトム。しかもタフで楽ちんなので、はかない手はないですよ。

るので、オッサンでも入りやすいです。

パンツが太いのは全体のバランスを取る上でもいい。ちょっと太めの人も体型を隠してくれるし、細い人がはけばそれはそれでくだけた雰囲気になります。

そして**またいいのがポケットが多いところ**。とくにカーゴパンツならではのディテールが、膝横あたりにつけられたサイドポケット。ここにモノを入れるっていう人は意外といないですよね。

ですがせっかくついてるんだから使っていいと思います。ケータイもおサイフも入りますよ。文庫本くらいだって大丈夫です。かなり容量があるんで、カーゴパンツなら手ぶらを実現できます。

あそこに入れない理由として**「カーゴポケットがふくらんでるとなんか変じゃない」**っていうのがあると思うんですが、そんなこと気にしないでいいんじゃないですかね。

もともと超がつく実用服ですから、見た目とかは気にせず使いやすいように着ればいいんですよ。どんな服でもそうですが、便利度が上がるように着ればいい。その結果は、きっといい感じになってるはずなんです。**「おしゃれはガマン」みたいなのに騙されないこと。**あれはモード服など、ファッションをアートとして捉えた場合に限ります。

僕は服はその人のやりたいこと、好きなことを助けてくれる補助的な存在だと常々思っているので、**変に服に遠慮しないほうがいい**のです。

だって軍人が「ここのポケットにモノ入れたらおかしいかな?」なんて戦場で考えないでしょ。それと同じです。本来野山を飛び回ってるような活発な猟犬を、家の中でブルジョアがお上品に飼っている姿を見ても何だかなって思うのと一緒です。

猟犬は野山を駆けてるときがいちばん輝いてるわけじゃないですか。だからカーゴパンツもガンガンにモノをいれて荒々しく使うのがいいのです。そういうのに耐えられないヤワなカーゴパンツは選ばないことです。

ジーンズと違ってみんなあんまり着ていないんで、差別化も図れます。べつにカーゴポケットついてないのでもいいんですよ。あれが嫌いって人もいるでしょうから。ついてないやつは**「ファティーグパンツ」**と呼ばれ、ポケットがワーク系になっていたりします。要するにミリタリーパンツならみんな等しくアリです。

ただ、**迷彩カラーのは正直パンチが強すぎる**んで、やめといたほうがいいでしょう。惹かれるのはわかります。男はカモフラ大好きですよね。どうしても着たいんなら、かなり色褪せた感じになっていて薄まってるのならギリギリいいかもしれません。でも軍事オタクみたくなっちゃう可能性も高いから、ここは**普通のオリーブを選んでおくのが賢い選択**だと思います。

足元はブーツではなく、なるべくミリタリーから遠い靴がいいです。サンダルくらいがちょうどいいと思います。**〈ビルケンシュトック〉の「ボストン」**なら寒くなってもいけるし、丸っこいフォルムがカーゴのハードさを中和してくれます。ボストンはソックスをはいてもおかしくならないサンダルなのでぜひお試しを。

合わせやすさもカーゴパンツの偉大なところです。**ミリタリーシャツ以外なら基本何でも合うでしょう**。白シャツでもゆるニットでもボーダーカットソーでも。軽めのをさらっと羽織るくらいの気負いのなさがベストでしょうね。

オリーブのカーゴパンツに赤いトップスという組み合わせはやめときましょう。クリスマスになっちゃいます。あと赤、青、黄色って組み合わせも信号機になっちゃうから避けましょう。

このへんさえ気をつければ、**そうとう自由度の高いパンツ**だと思いますよ。

テイパードは日本人体型の救世主

パンツのシルエットは「困ったらテイパード」と覚えておいてください。

この、腰回りがちょい太めで、裾にいくにつれだんだん細めになっていくというラインがコンプレックスを解消してくれるのです。

日本人のオッサンならほとんどの人が、体型に関する問題を抱えていることでしょう。とりわけ長さ、太さ、形等において、完璧に満足する脚を備えてらっしゃる人は極めて少ないんじゃないでしょうか。

女子は脚に自信持ってる人かなり多いと思いますけどね。彼女たちは人前に出すために日頃の努力を怠ってませんから。オッサンは普段不摂生なくせに、カッコよく見せたいっていう欲望だけは人一倍っていうのが問題ですね。まあ仕方ないと思いますけど。

そういう図々しい思いを解決してくれるのがテイパードのパンツです。そして、意外に狙い目なのが〈**GAP**〉です。

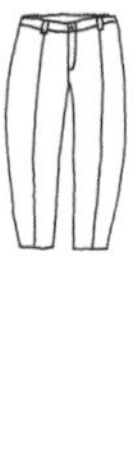

「どうなの？」っていう意見もあるかもしれませんが、まだ日本に本格上陸してない昔はもろアメリカな日常着っていう印象で、アメ横で探したりしましたよ。その頃からもちろん高級って感じではなかったけど、アメリカらしい空気を感じられたんですよ。短パンとか無地のTシャツとか、けっこうよく着てましたね。

で、今のＧＡＰですが、少なくとも**チノパンに関してはどうしてなかなか悪くない**。サイジングも豊富だし、いいんですよ。

色のバリエーションもけっこうあります。定番のベージュももちろんいいですが、僕はネイビーを推します。黒パンとは別に、**ネイビーのテイパードパンツもそうとう使えるヤツ**です。

下手にジーンズに手を出すんなら、こっちのほうがずっと汎用性高いと僕は思います。けっこうはきこんでもへたれないし、少なくともワンシーズンでオシマイっていうことはないと思います。そこそこ長く着られます。

もちろんもっとたくさんお金をだせばいろんないいパンツは買えますよ。でも数千円で使えるパンツを買うっていうなら、ギャップのチノは悪くない選択だと思います。

着る凶器、白パン（でもシルエット次第でアリ）

白いパンツは要注意です。けっこうオッサン支持率高くて、街でもよく見かけますよね。

まずは、はくならデニム素材がいいでしょう。とりあえず、**厚手の白デニムを選択**することです。

やや太めのシルエットを選びましょう。

この「やや」っていうところが意外と難しい。

太すぎてもダメです。ほどよい太さ。

ジャストより2インチ上くらいでちょうどいいと思いますし、大きめをはくというより、できればシルエット自体がやや丸く、曲線を描くようになっているといいです。**「キャロット」と呼ばれるシルエット**。ティパードよりもっとふくらみのある、バルーンの手前みたいな感じです。そういうのを選べば、白デニムでもギラついた感じになりません。

反対に、スキニーを選んだり、ブーツカットにしたりすると、とたんにギラついた雰囲気がドバドバ出ちゃいます。例外は、すごくスタイルのいい人。そういう人は、他のアイテムさえナチュラルにまとめておけば、細い白パンでもそこまで影響しません。まあ、こういう人はどんな服でも似合ってしまうんであまり参考になりませんが……。

あとは色ですね。白といってもけっこうな幅があります。

雪のように真っ白だと、かなり難易度高くなるでしょう。

落ち着いた白がいいです。**生成りのオフホワイト的な**。白すぎるとどうしてもチープ感が出ます。個性的でトンガったデザインを選べばまた違いますが、そういうテクニカルな着こなしはオッサンには手を出しにくいのが実情です。美容師とか、ファッション関連の仕事してる人とかじゃない限り、手を出さないほうが無難です。

白のショートパンツも同様です。タイトだとオラオラ感出まくりです。それにティアドロップのサングラス、ウエストが激しくシェイプされたシャツ、茶髪とセットならもう満貫です。ゆるめで厚手、白すぎない発色を選んでおくことです。

このように、白パンは全然あっていいアイテムだと思いますが、**トラップも多いボトムだというのも事実**です。

いずれにせよかなり好き嫌いのわかれるアイテムなので、いらないやって人には必要ないと思いますし、はきたい人は留意しながらコーディネートするといいでしょう。

ダメデニは上に清潔感を

男らしいパンツといえば何でしょうか。真っ先に思い浮かぶのが**ダメージデニム**じゃないですかね。革パンとかも男らしいっちゃ男らしいけど、もはや選択肢に入ってこないのでここでは割愛します。

ダメデニを念のため説明しておくと、穴が開いてたり、ほつれてたり、いわゆるボロボロのデニムです。やっぱりちゃんと穴あき具合とか考えられて成立してるジーンズは魅力的です。もう単純にひとつのプロダクトとしてクオリティ高いですよね。

ですが、一歩間違えるとただのボロボロを着てる人ってなっちゃうのもまた事実。ここではオッサンにとってベストな着方を考えましょう。

こういう激しい服は、**落ち着いたアイテムと合わせるのが鉄則**です。基本的におしゃれは全体のバランスなので、激しいアイテムには落ち着いたものを、おとなしい服がくればインパクトのあるものと合わせましょう。レディス界隈で**「甘辛ミックス」**なる言葉がありますが、これは言い得て妙です。甘すぎたらダサいし、辛すぎてもくどい。常に全身トータルでバランス

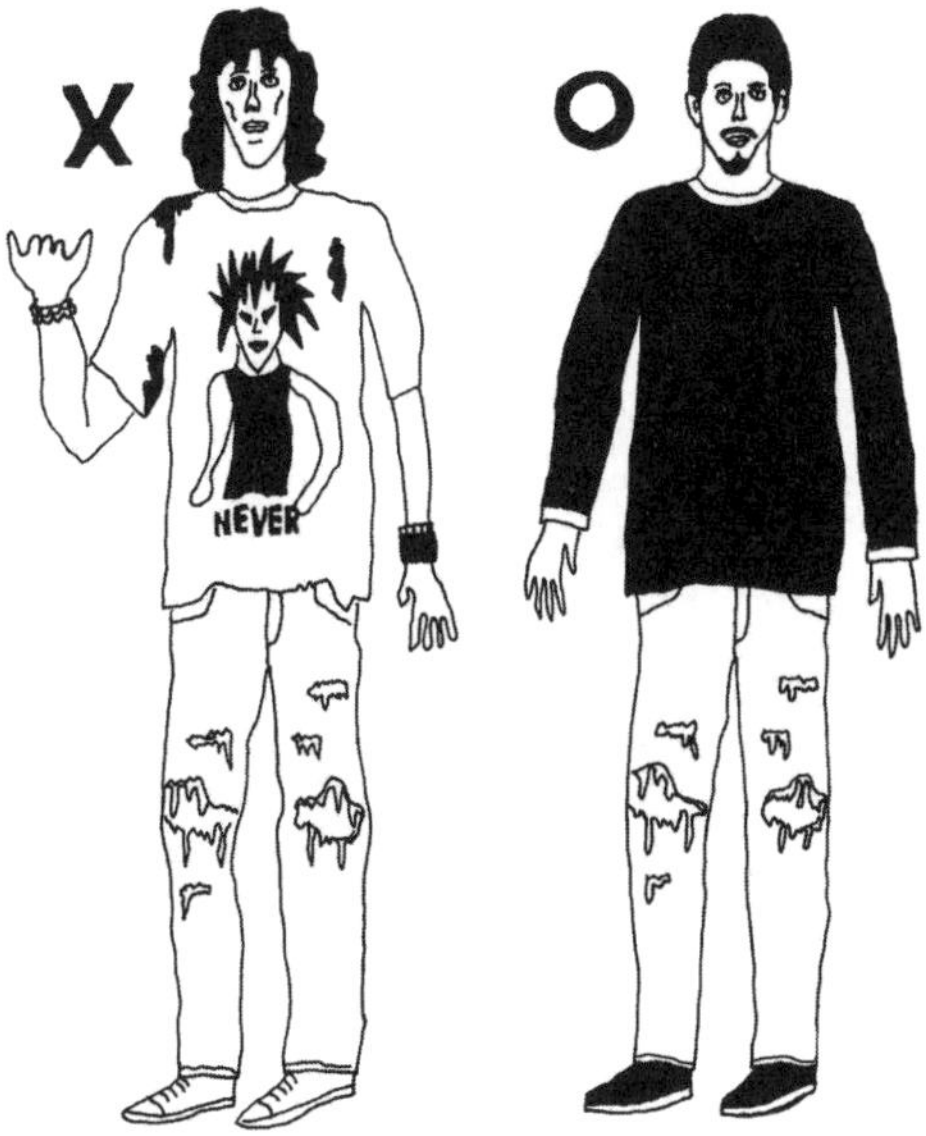

うるさめのダメージデニムを着こなすコツは、他をなるべく静かにすること。
アクセサリーのジャラづけはせず、トップスも無地のものを選びたい。

をとるクセさえつけておけば、このダメージデニムのようにアクの強いアイテムがきてもこわくありません。

かなりボロ度の高いデニムの場合、トップスは無地がいいです。やっぱり下半身がうるさいぶん、上半身は静かにしとくべきです。ワイルドな服には清潔感をあてて、下品にならないように工夫しないといけません。

アクセ、小物類もゴテゴテつけすぎないように気をつけましょう。

ダメデニ好きはわりとアクセ好きだったりしますから、量に注意です。シルバーアクセやインディアンジュエリーをじゃらじゃらつけると、せっかくのダメデニの良さが薄められてしまいます。なので**せいぜい腕時計とバングル1つくらい**にとどめておきましょう。

小物の例外は帽子です。帽子ならダメデニに合います。**無地のニットキャップがいい**でしょう。ローゲージで編まれたやつ。ローゲージはそれだけでゆるい表情が出るので、ダメデニのワイルドさを中和するというわけです。ハイゲージのニットキャップだとそういう効果は生まれにくい。ちょっとの違いで印象がずいぶん変わるものです。

できることならバッグも持ちたくないですね。手ぶらのほうがこういうスタイルにはハマります。まあこればっかりは用事があるときはあるので仕方ないですけどね。できれば手ぶら、もしくは**品のあるレザーのクラッチバッグあたりがいい**でしょう。なんか少ない荷物でブラブラ歩く感じが似合う服なんですよね。

ダメデニには清潔感あるアイテムを合わせれば、ダメージのクオリティも引き立つし、だらしないオッサンに見えません。わかってる感じがグッと出るのです。

ロールアップは是か非か

パンツの裾をクルッとまくるのは今や着こなしの定番と化しています。

何といっても簡単ですよね。いちいち切らなくてもいいし。

ただ、簡単だからこそ、理想的なまくり方、まくり位置、まくり幅っていうのがあります。

これを勘違いしちゃうと、ロールアップしても逆効果になっちゃうので注意してください。

あまり、**折り返しの幅が広すぎないほうがいい**です。昔はデニムの裾をめちゃくちゃ広い幅で折り返すのが流行ったこともありました。

しかし、今は**3センチくらいを目安に折り返し幅を作っていく**といいでしょう。

ロールアップしたあとの位置ですが、まあ**くるぶしよりちょっと上あたり**がベスト。

それよりさらに上になるとちょっとまくりすぎです。

テイパードしたパンツだとそもそも裾は細めなので、あまり上までまくり上げられません。

ふくらはぎが邪魔になってしまうでしょう。クルクルとまくればまくるほど、その折り返し部分は分厚くなっていきます。上まであげるということはそれだけ分厚くもなるっていうことで

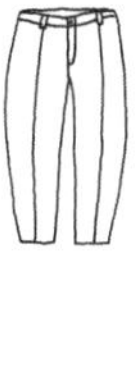

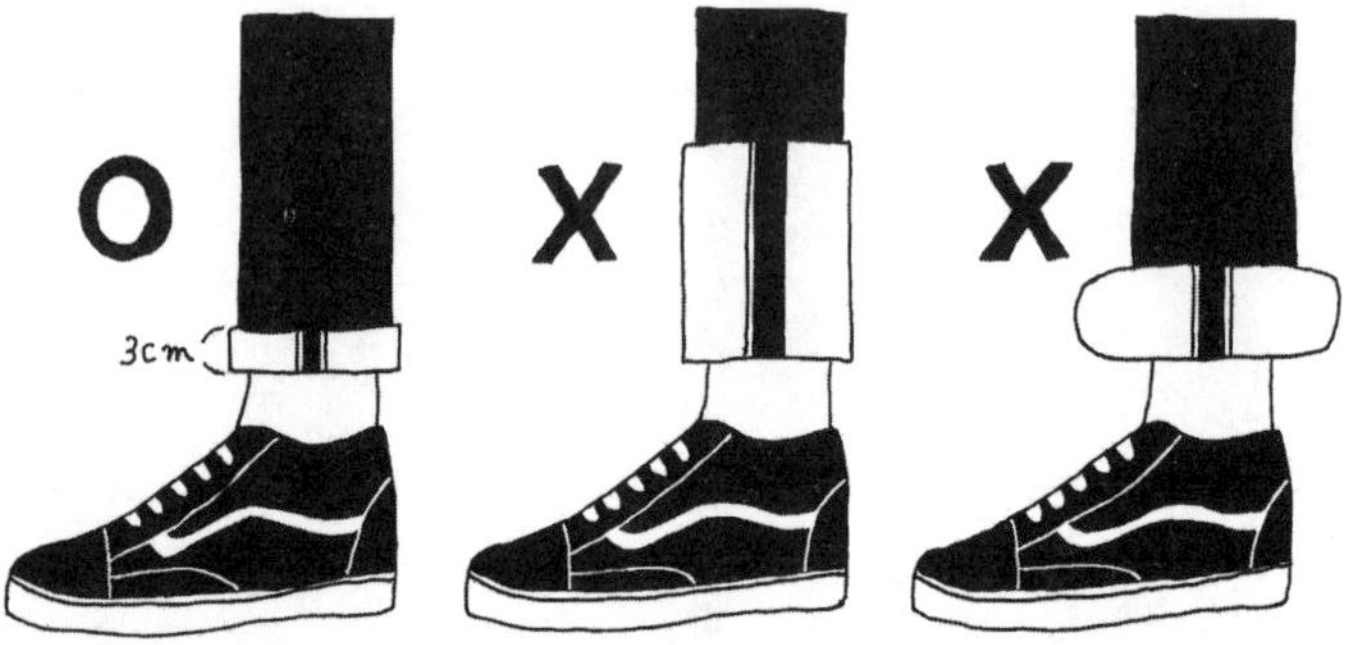

ロールアップは手軽に差がつく便利テク。推奨めくり幅は３センチ程度。
ソックスをチラ見せするなら、生成りなどシンプルな色のものを。

す。あまりこのまくり部分だけボリューミーになってしまうとドーナツみたいで不格好です。

くるぶしよりもまくり位置を低く設定するのは全然問題ありません。１回小さく折り返すだけでも裾の印象は変わります。自分のしっくりくる位置、折り返し回数で設定しましょう。

まくったあとはスニーカーソックスをはいて素肌のくるぶしを見せたいところです。でも季節によってはそれだと寒いでしょう。無理する必要はないと思います。

そんなときはシンプル系のソックスを見せましょう。**生成りのオフホワイト**を推します。**〈ヤエカ〉のソックス**は履き心地もすごく気持ちいいし、ナチュラルな風合いも理想的です。自然なたるみをもたせてはくと足元だけでこなれた印象になります。

あと、スケート系はとにかく丈夫だから重宝します。

代表格は**〈スタンス〉**でしょう。

スケーターのハードな使用に耐えうるだけのクオリティを備えているので、日常生活なら全然余裕。穴なんてなかなか開きません。

スタンスは遊びゴコロのあるブランドなので、アメコミ調やメタル調のやつとかも多いです。これはこれで楽しいですが、**オッサンはシンプルめのやつのほうが無難**でしょう。無地かせいぜいボーダーくらいにとどめておくといいでしょう。

〈ホワイトマウンテニアリング〉のソックスもかなり調子いいです。新鮮だけどどこか懐かしいようなオリジナル柄のソックスが見つかります。

ダメージ、加工ものはウマいとこのやつを

ひとくちに**パンツの加工といってもいろいろ**あります。自然に色落ちしたようなユーズド加工、穴が開いてたり破れたようなダメージ加工、よりハードなクラッシュ加工、ペンキが飛び散ったようなペイント加工、手直ししたようなリペア加工、つぎはぎのようなパッチワーク加工……挙げればキリがありません。

ただ、どんな加工にせよ、こういうところにこそクオリティが如実にあらわれます。テキトーにやってるところだとほんと逆効果で、むしろチープさが際立ってきます。**安っぽい加工ならナシのほうが全然マシです。**

とりわけダメージが強くなればなるほど、高い加工技術が要求されます。やっぱり普通に着ていて穴が開くのにできるだけ近いほうがいいわけです。**わざとらしいのはダメ。**ちゃんとこすれやすいところの色が薄くなっていたり、シワがよりやすいところにナチュラルなアタリがでていたり。これが下手なところがやると、妙に均一な色落ちになってたり、わざとらしい線

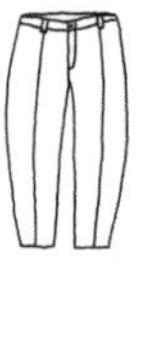

を数本いれました、っていうツラになります。これだと他にどれだけこだわっていても台無しになるので、**下手くそな加工ものに手を出すのはやめときましょう。**

そうなると、やっぱりこういう加工に定評のあるところのパンツを選ぶのが安パイです。個々の加工クオリティを見極めるのはけっこう大変なので、安心感あるブランドなら大丈夫でしょう。

加工モノで信頼感あるのはやっぱり**〈ディーゼル〉**ですかね。ユーズド感もダメージ感もリペア感も、どれもハイレベルです。イージーにスウェット感覚ではける**「ジョグジーンズ」**というシリーズが出てます。これはガンバらないオッサンのために作られたといっても過言ではありません。それくらいラクです。このラインも年々加工のバリエーションが増えてます。当初は凝ったものは少なかったのですが、近年はいろいろ出ているので選びがいがあります。

あとは、**〈ロンハーマンデニム〉**も加工技術高いです。ここのリペア感は本当に丁寧。現物を見れば男ならグッとくること間違いなしでしょう。あとは**〈ラルフローレン〉**肝入りのラインである**〈ダブルアールエル〉**のもタフな色落ち加工が目を引きます。ガンガンはきこめばさらに自分らしさがプラスされていくでしょう。

ただどのブランドにも共通する難点としては、**値段が高め！**　でも仕方ない、手間暇がかかればそれだけ高くなるのが資本主義経済ですから。

デニムは本当に〝育つ〟のか!?

加工デニムに手を出すのであれば、自分でジーンズを育てたほうが安上がりだ！　という考え方もあるでしょう。

確かにメリットは**「安くなる」**でしょう。加工なしのデニムであればちゃんとしたのが数千円で買えますから。

デメリットは**「時間がかかる」**でしょうね。自分好みのダメージを醸すまでになるにはガンガンにはきこまないといけないでしょう。リペアやペイントをセルフでやるとなったらそれこそリメイク技術も必要です。

そもそも、**はきこめばそう都合よく自分が望むように「育つ」のか**っていう問題もあります。おそらくそう簡単には都合よく育たないでしょう。もちろん少しずつアジは出てきますよ。軽い色落ち程度なら半年から1年でいきますが、そこから先を目指すにはさらに長い年月がかかります。そして、やっとこさ穴が開いたり破れたりしても、あんまりカッコよくないことが多いです。

やっぱり高いカネを出して手に入れる加工の感じとはどうも違うんですよね。**プロが考えたデザインのバランスにはやはりかなわない。**確かに自分がはいて穴を開けたものだからダメージ位置なんかは適正なんですが、どうにもグッとこない。リアルが最高かっていうと、ことダメージに関してはそうともいえないのが難しいところです。

そう考えると、**ダメージ加工デニムと、自分で育てたデニムは別もの**と思ったほうがよさそうですね。

普通に濃いインディゴデニムはそういうものとしてはきましょう。ハードなダメージが出るまで頑張るっていうのはあまりに長いスパンじゃないかと。結果の出来栄えも保証されないし。ダメージものは今どうしてもはきたいのなら、頑張っておカネだしてある程度以上クオリティあるものを買う。それが惜しいなら無理して手を出さない。ワードローブに絶対なくちゃいけないパンツでもないので。

オッサンはただでさえいい年齢なので、何年もかけて理想のパンツを作ってる時間はないです。ジーサンになっちゃいます。**モタモタしてたら人物のほうがデニムより先にダメージ感出ちゃいます。**そんなどっちが先にボロボロになるかみたいなレースに参加したくありません。

まあ、まずは自分がどんなデニムをはきたいのかを自覚するのが先でしょうね。

パンツにベルト、ウォレットチェーン、キーチェーン考

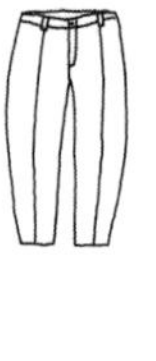

今思い返せば昔はかなりジャラジャラさせてましたね。だいたい20年くらい前ですかね。**〈スワイプ・オン・ザ・クワイエット〉**っていう当時人気のブランドがあって、そこのウォレットチェーンをよくつけていました。他にもベルトループからキーチェーンを下げたりして、かつては歩くたびにガチャガチャうるさかったものです。

こんなふうにかつてパンツにはいろんなアクセがつきものだったのですが、**今を生きるオッサンがあまりジャラジャラさせるのは得策ではありません。**

パンツの腰回りはできるだけすっきりさせときましょう。

基本はベルトだけでいいです。

そのベルトもあまり自己主張しすぎないやつでいいと思います。

黒のレザーで厚みがあって、そこそこ幅のあるやつがいいでしょう。テカテカしてなくて切りっぱなしみたいなタイプが理想だと思います。ベルトが細いと妙にモード感みたいなのが中

途半端に出ちゃうし、ラフな服にはあまり合わなかったりします。**ツヤのある黒レザーはビジネスっぽくなっちゃうのでカジュアルには不向き**でしょう。

キーチェーンはあると実用として便利なんですが、けっこうこれ目立ちます。やっぱり若い人に任せておいたほうがいいんじゃないですかね。

ウォレットチェーンに関しても、必要ないでしょう。

高額なウォレットチェーンのクオリティはすごく高いと思いますが、元々よっぽど好きな人は別として、今からそこにあえて突っ込んでいく必要はないのかなと。あと、お財布もチェーンくっつけられるやつにしないといけないし。

時おり見せアクセとしての目的のみで、横のベルトループから後ろのベルトループへとつなげてる人いますが、ああいうのはやめましょう。やっぱり必然性がないものはどこか滑稽です。

基本的にオッサンはパンツの腰回りにはベルトだけ。ほかの無駄なものは身につけないってことでいいと思います。若いころやってたみたいにアレコレつけたい気持ちもわかりますけど、**ここは足し算より引き算でいくべきでしょう。**

万人向けベストアンサーは濃くて、ちょい太

ここまでいろんなパンツを取り上げてきました。**「んで、結局どんなパンツはけばいーのよ」**っていうことになると思います。混乱しますよね。

ここでハッキリさせときましょう。

デニムとかチノに限らず、パンツはつまるところ、**「濃くて、ちょい太、テイパード」**と覚えときましょう。

これがやっぱしオッサンにはやさしいです。ラクだし似合う。これが一番です。

細かいことといえば白パンは生成りがいいとか、加工はちゃんとしてるやつを選ぼうとかいろいろ述べてきましたが、ざっくりいえばこういうことです。

世のあらゆるオッサンに対する一発回答だといえます。

色の濃いパンツであれば足が太かろうが細かろうが短かろうが、七難隠してくれます。

黒かネイビーにしとくのが無難ですが、まあ**ブラウンでもグレーでもオリーブでもいい**ん

オッサン世代に一番似合うパンツは、中央のイラストのような「濃くて、ちょい太い、テイパード」。コンプレックスを隠してくれる優れものです。

じゃないですかね。色さえ濃ければ。

ちょっと太いのも同様です。

あなたのコンプレックスをカバーしてくれるでしょう。ただ、**この「ちょい」っていうのは守ってください**。太きゃいいっていうのとはまったく違いますから。

太すぎるとB系の怪しいオッサンになってしまうでしょう。そうならないよう太パンをモードっぽく振るのもなくはないですが、これは上級者向けなので普通のオッサンにはあまりにハードル高いです。

少し太いくらいにとどめておきましょう。そしてほどよいテイパードシルエットなら自然にスタイル良く見えます。

長さはフルレングスにしときましょう。2回ロールアップすれば9部丈になるのでヌケ感出せますし、何かと融通が利きます。

ショートパンツもいいんですが、やっぱり着られる季節が限られるのと、その人のキャラによって似合う似合わないがありますね。コドモみたくなっちゃう人は避けといたほうが無難でしょう。

ただ、**あえてコドモ感を出す**っていう手もあります。小柄な人はショーツが似合います。どこか「やんちゃ感」が出るので。体型を生かすということで考えればまあこの選択も悪くはないですが、やっぱりショーツだと真夏以外は基本寒いですからね。現実的に。寒いと体わるくしますよ。

無理してガンバらないのがオッサンのおしゃれですから。スパッツを重ねればいいという意見もあるかもですが、うーん、オッサンがショーツとスパッツのレイヤードかあ……。フェス会場ならいいんですけどね。いきなりココにいかなくてもいいんじゃないですかね。もっと段階を踏んでからで。

ここで言ってるのはあくまで**「万人向けベストアンサー」**ってことですので、薄い色がダメっていうわけじゃないです。濃いのを持っているなら2本目は薄い色のほうがいいでしょう。とりあえず「まず持っとくべきは」という話です。

オッサンのための、ガンバらない

パンツ・デニムの極意3か条

□細すぎはやめておこう！

□トップスとのメリハリが大事

□アレコレ気にせずはけるのが一番

【第5章】

控えめに楽しむのがコツ

オッサンが着るべき色味と柄

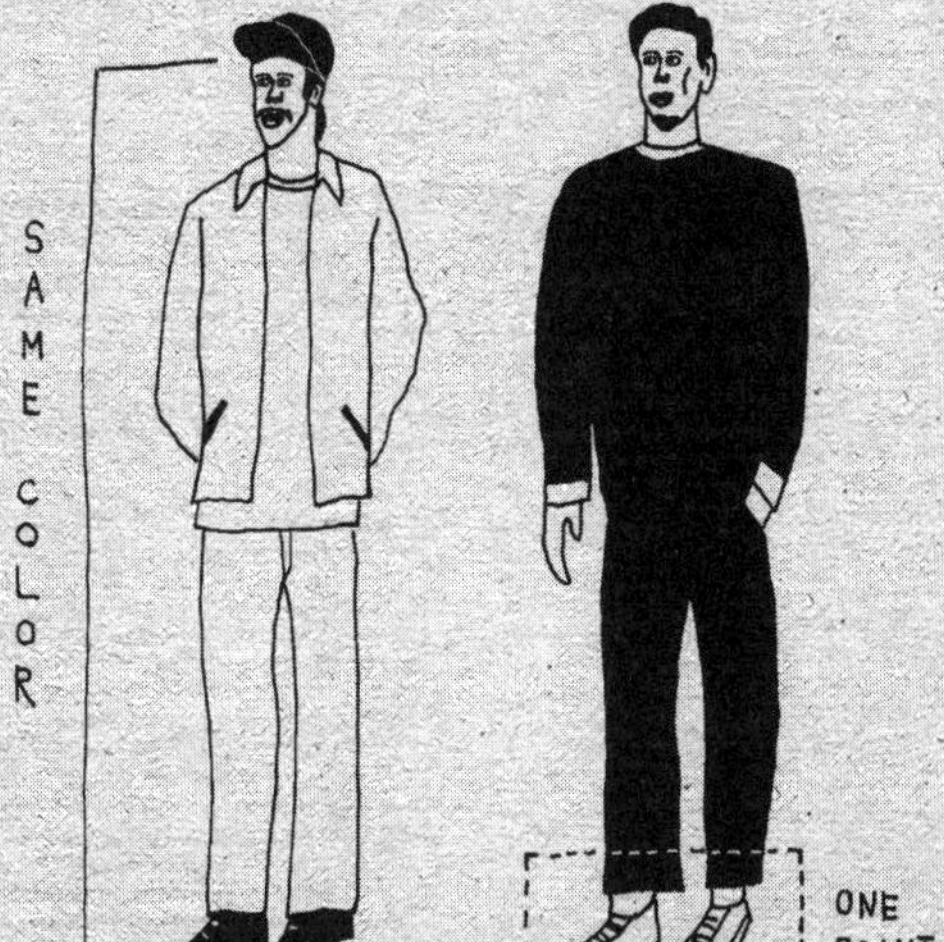

オッサンに合う色って何だ？

ファッションをより楽しいものにしてくれる要素のひとつが色でしょう。

メンズの服はレディスと違ってバリエーションに乏しいですからね。

比較してみましょう。女子ならスカートとパンツがありますね。対してメンズはパンツしかない。女子にはワンピースなる定番がありますが、メンズにはない。女子の靴はヒールがあるけど、メンズは履かないですね。対してメンズにしかないファッションアイテムとなると、ちょっと思いつきません。まあとにかく、**同じような形しかないんですよ、メンズの服って。**

となると、少しでも周りとの変化をつけるために、やっぱり服の色って重要なわけです。さらにここにオッサンという縛りが出てくるのでなおさらです。カラフルすぎなオッサンはけっこう厳しかったりします。

まあ、一番の定番カラーとして黒がありますね。「これ着ときゃ間違いないでしょう」という考えの人多いでしょうが、どうしてなかなか意外とこれが難しい。

たとえば黒シャツ。難しいです。パンツだと黒は簡単なのに、シャツだととたんに難しくなる。

アクの強い黒シャツはおしゃれ上級者向け。ネイビーやオリーブといった色は万人に似合い、しかも着回しも利くのでオススメです。

ハズシの加減を理解したおしゃれな人でない限り難しいでしょうね。あえてのちょいワル感を装うか、モード系に走るしかないでしょう。

どっちもけっこうハードル高いです。**下手するとギャル男みたくなるリスクを背負う**ことになります。黒Tシャツなら随分着やすくなりますが、それればかり着ているとラーメン屋っていうアダ名もある程度覚悟しないといけません。

バンドTなんかは黒ベースが多いですけど、これはおしゃれがどうこうってのを超越してるから、あれこれ考えず好きなミュージシャンのを着ちゃえば全然オッケーなんじゃないですかね。どうこう言われたら「いや俺アイアン・メイデン世代だからさあ」って返せばいいんです。ただ僕ならジーンズには合わせないですね。**ショートパンツか、ワイドめのスラックスあたりがいい**んじゃないですかね。ショーツならフェスっぽいノリになりますし、太スラならハズシ感出てきます。で、オッサンに似合う色ですが、はっきり言いましょう。**ネイビーとオリーブ**ですね。

黒シャツは難しくても、あんまり変わらない濃いネイビーシャツならずっと着やすい。デニムシャツでもいいし、サラッとしたリネンシャツもネイビーだと雰囲気出ます。今インディゴ染めのアイテムはすごく増えていて、もはやデニムの専売特許じゃないです。たとえばスウェットとか。**〈ハリウッドランチマーケット〉**のオリジナルである**〈ブルーブルー〉のインディゴ染めアイテム**はどれもいい風合いです。また、ニットでインディゴ染めを取り入れるのも新鮮味があっていい。**〈メイプル〉のインディゴ染めニット**は着やすいです。カリフォルニアっぽさを意識してたりするブランドはこういう風合いが得意ですね。

オリーブはカーゴパンツに代表されるミリタリーカラーですね。カーゴは便利ですよ。別段流行っていないけれど、何せ上がミリタリー系以外ならたいてい似合っちゃう。ちょっと汚れてもアジになるし、デニムほどみんなとカブらないので重宝します。

〈エンジニアド ガーメンツ〉のカーゴはすごくいいです。太すぎず細すぎずで。はいてみて「ああやっぱいいわ」となるアイテムって意外と少ないですからね。ちょい高だけど、べつに来年も着ればいいわけだから。ガチガチのファッションマニアみたいにシーズンは特段意識しないでいいと思いますよ。むしろいいものはずーっと着ましょう。

ワントーンとモノトーンの違いとは

よく混同されがちなカラー用語に**「ワントーン」と「モノトーン」**があります。まあ間違って使っても別に何か大きな問題があるわけじゃないけど……こういう機会なんでまあ一応。

ワントーンは全身1色のコーディネート。「グレーのワントーン」みたいに使います。どんな色でもいい。**全身が同じ色で統一されていれば。多少の濃淡は許されます。**ぱっと見で「ああ全身同じ色だなあ」って印象を与えるスタイルであれば、それがワントーンコーデです。靴や小物まで揃えるのが正統なワントーン。ネックレスとかの小さなアクセは除外してもいいけど、バッグとかは存在感あるから、同じ色で統一しないとワントーンコーデとは言い切れないでしょうね。

どうしても白ワントーンが着たいなら、夏なら全身真っ黒に日焼けして、リゾート的なスタンスであればなくはないですが、これもやたらオラついちゃうから避けといたほうが無難です。なんというか、デビュー感が強く出るからみっともない。やめといたほうがいいですね。

一方のモノトーンは、**黒、白、グレーで構成されてるコーデのこと**です。このうち2つを使うだけでもいい。黒面積が大きいほど落ち着いて冬っぽくなり、白面積が大きいほどさわやかで夏っぽくなるのが基本原則です。

グレーはどこで使ってもオシャレ感出る便利な色です。一番いいのはニットじゃないですかね。〈**トゥモローランド**〉あたりで選べば間違いないでしょう。ここのオリジナルはニットのクオリティが高いから。選べるバリエーションも多いし。

グレーは都会的な雰囲気の色だけど、スウェットで使えばラフな印象にもなるのがいい。〈**フィルメランジェ**〉がやっぱり頭一つ抜きん出てるんじゃないですかね。安心感があって。

ワントーンのほうが難しいですね。モノトーンは学生時代にやってた人も多いだろうから意外と簡単。てゆうかいつの間にかモノトーンになっちゃってるときも多い。何せどれもド定番の色だから、そのへんの服をチャッチャと選んで着たらたまたまそうなってたり。

まあ、**ワントーンはネイビーとブルーくらいでしか選択肢ない**でしょう。これ以外の色でやるとヤケドする可能性大です。グレーのワントーンもやれないことはないけど、別にここで無理して冒険する必要もあまりないでしょう。オッサンは「頑張らない」が基本線だから、ワントーンコーデやるなら青系限定ってことでいいんじゃないですかね。

誰でもできる差し色、色合わせテク

着こなしテクニック的なことはこれまで意識的にあんまり取り上げてこなかったです。それはテクニック自体にどこかあざとい感じがするっていうか、**頑張ってる感じがしちゃうのが否めないから。**大学生くらいならあの手この手を駆使して服を着るっていうのもなんだか微笑ましくもあり、全然ありなんだけど、オッサンが着こなしテクニックをフル活用っていうのも何だかな〜って思いませんか。

オッサンはフツーにジャストな服をさらっと着る、っていうのが一番だと思うし、何度も言いますが**「そのへんの服をテキトーに着ただけ、でもなんかカッコイイ」**を目指すのが本書ですから。

でも全然テクニック的なことをやんないのも物足りないって人もいるかもしれないので、強いて挙げるとすれば**色テク**はどうですかね。これならイタくならずに、さらっとやれちゃうので、気負わずやってみましょう。

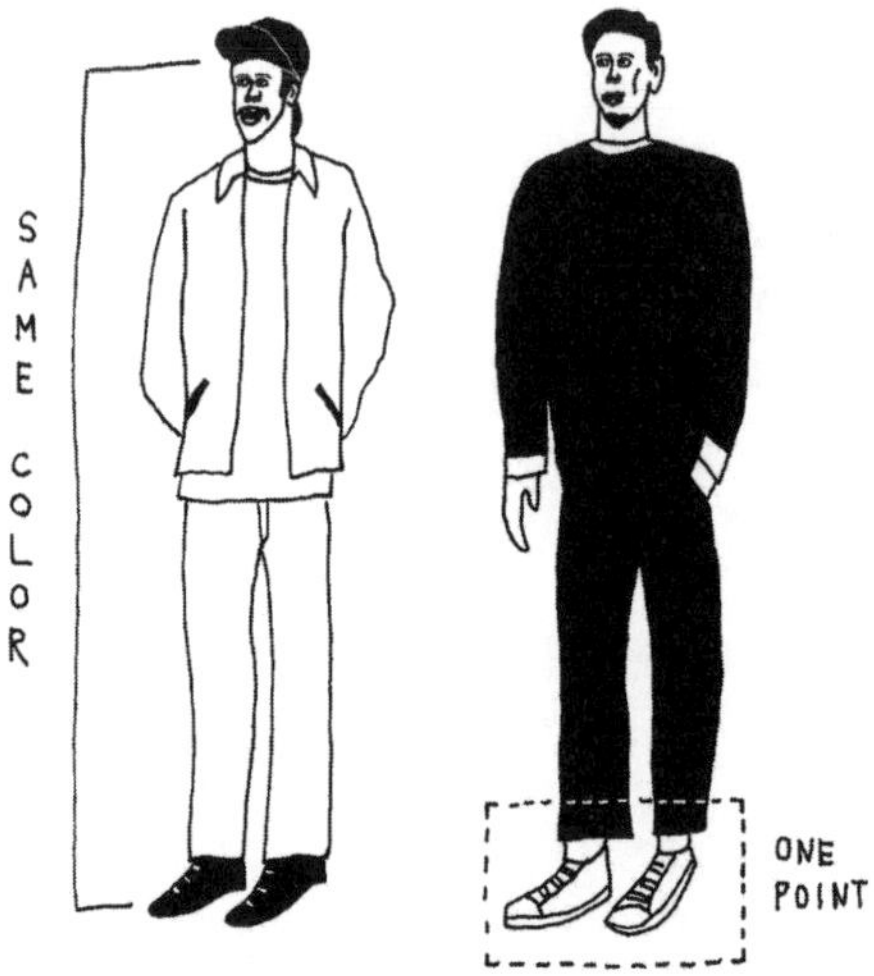

モノトーンでまとめたところに靴などで色を加える「差し色」（右）。同系の色を複数配置する「色合わせ」（左）。どちらも使えるテクニックです。

まずはじめは**差し色テク**。これは**全体を落ち着いた色でまとめて、1点だけ目を引く色をあえて投入する**ってやつです。

たとえば、モノトーンでまとめたスタイルに、スニーカーだけイエローを投入したり。ネイビー系コーデのインナーで、ニットだけバーガンディ（えんじ色）をプラスしたり。

あまり差し色の面積がでかいと、「差す」感じにならないんで、面積としては小さいけど、ポイントになる色を加えるのがコツです。

2つめは**「色合わせ」**。**靴とシャツの色を同じ青にしたり、帽子とパンツを同じオリーブにしたり**。これも差し色と同じで、他のアイテムの色は落ち着いたものにするのが鉄則。合わせた色が引き立つようにしないといけません。

アウターとインナーの色を合わせたりするのは、色合わせと言えなくもないけど、テクとしての効果は薄いですね。**どっちかっていうと場所が遠いほうがいい**んですよ。たとえば帽子と靴とか。遠いでしょ。

そもそも1つのアイテムで使われてるのが1色とは限らないんで、そのへんもうまく活用するといいですね。カットソーのボーダーとソックスの色を合わせたり、帽子のワッペンと胸のワンポイントが同じ色だったり。そういうふうに使うのがベストでしょうね。

あまり過剰に深く考えてやるもんでもないでしょう。気付かれないくらいでちょうどいいです。

ポイントにする色ですが、**あまりバキバキの原色は避けたほうがいいでしょう**。あえて80年代ぽさを狙ってネオンカラーを取り入れるやり方もありますが、あせてちょっとくすんでるくらいの色がベスト。このあせ感が出ていれば、たいていの色は使えます。いわゆる**「洗いがかかってる」**ってやつですね。

〈レミ レリーフ〉の色あせ感はやっぱりイイですよ。ここはコダワリぬくため、自分のとこで工場構えて色あせ加工やってますからね。本気度が違います。まずはこのブランドの服で色テクやってみたらうまくいくんじゃないですかね。

困ったらネイビー

やっぱり一番カンタンで、いい感じに見えるのは**ネイビー**ですよ。これは異論ないでしょう。黒よりカジュアルで、青より落ち着いてて、どこか知的な感じもする。大定番なので着回しも利くからお得です。アウターでもインナーでもパンツでも、どれでもハマる色です。そして、似合わない人がいません。**あらゆる人類に似合う究極の色、それがネイビー**です。

ただ、自分のワードローブがネイビーだらけになっちゃうのは避けられません。なので**唯一の敵は「飽き」**でしょうね。

ネイビーばっかり着てると「あーもうしばらくネイビーいいかな。お腹いっぱい」ってなっちゃう。あとは、まわりの人が白とかエンジとかをうまく合わせてる場合、「なんかオレ……地味だな」と自己嫌悪に陥る恐れがあります。

確かにおしゃれ感プンプンな人のそばにいると、ネイビー率高い人は若干見劣りするでしょうね。**定番すぎて、パンチに欠ける**ってことです。

とはいえすごくいい色です。でも確かにこればっかだと飽きるから、ほどほどに着ましょう。

ネイビーのアイテムとして真っ先に挙がるのが**濃色のインディゴデニム**でしょうね。リジッドとかワンウオッシュの。

4章でも説明しましたが、リジッドというのはまだノリがついたままで、一度も洗いをかけていないパリッパリのデニムのことです。20年前くらいは、こういうリジッドデニム（**生デニム**とも言います）を毎日はいて、しかも全然洗わずに色を落としていくのが流行りました。

今みたいな精緻なユーズド加工デニムとかなかったですからね、**〈ディーゼル〉**の加工ものみたいなクオリティ高いやつは。当時はダメージ加工とかもどこかわざとらしかったりして。だから僕も**〈ドゥニーム〉**のリジッド買って、ノーパンではきましたよ。**〈シュガーケーン〉**派とか、**〈ウエアハウス〉**派とかもいたなあ。大定番**〈リーバイス〉**もいいんですが、どっちかっていうとこういうブランドのをみんな選んで色落ちさせてたような気がします。

なぜかパンツ（下着のほう）をはかず、デニムを直接はくのが正統みたいになってたんですよ当時。そのほうが股のあたりの汗がデニムに染み込んでアタリ（デニム特有の色落ちしたシワのこと）がきれいに出る、って謎理論だったような気がします。

今は**デニムはちゃんと洗おう**、って流れになってますね。まあそのほうが絶対いいでしょう。いい風合いの色落ち感が今なら好きなだけ選べるし。パンツもはいたほうがいい。やっぱり不衛生だし、ほんと病気になりますよ！

天使にも悪魔にもなる〝白〟は油断ならない

簡単そうで意外にムズい色といえば、**白**でしょうね。確かにすごく使えるいい色です。身も心もドス黒く汚れたオッサンにクリーンなイメージを植えつけてくれるのもナイスです。

ただ、意外とやっかいなカラーであるのもまた事実。白T、白シャツ、白パン、白スニなどとにかく盛りだくさんですが、**白にもいろんな白があります**。本来クリーンなイメージをもたらしてくれるはずですが、逆効果になっちゃうことも。

たとえばほんと画用紙のように真っ白な発色だと、服にもってくるにはイマイチなことが多いです。**白はちょっとくすんでたり、少し生成りっぽい白のほうが着やすい**。

めちゃくちゃ白い白、つまり……安っぽいワイシャツ色っていえばいいんですかね。なんかちょっと青みがかった白というか……「驚きの白さ」の白ですね。

Tシャツではあえてそういうチープな白がハマる場合もあるんですが、それ以外は落ち着いた白がいいでしょう。

あとは白のリスクといえばやっぱり……**透けることでしょうね**。スケスケのオッサンはわりと凶器です。ここは細心の注意を払わねばなりません。たとえば夏場の白Tシャツ。これは誰もが着るでしょう。しかし薄手の素材だとほぼ間違いなく透けますね。

「これはこれでアリ」という考え方もありますが、体型しだいでしょうね。そこそこ鍛えてるならまだしも、プヨッとしたオヤジ体型でスケスケなら、これは役満レベルのNGです。

回避するためには、**白T2枚重ね**でしょうね。下に1枚、無地の白Tを着ておく。大正義**〈ヘインズ〉**だったら**「ビーフィー」**というちょっと厚手のラインを選んだり。**〈ベルバシーン〉**や**〈フルーツ・オブ・ザ・ルーム〉**といったアメリカ老舗ブランドのパックTもこういう重ね着に効果的です。

Tシャツ2枚だと暑苦しい、という人はインにタンクトップという手もあります。Tシャツよりはちょっと涼しいでしょう。僕は**〈ダブルタップス〉の無地白タンク**を愛用しています。

あと透け対策としては、最初から超厚手の白Tを選んで着るってことでしょう。厚手Tシャツといえば**〈キャンバー〉**とか**〈グッドウェア〉**あたり。このへんならもう十分厚いから、Tシャツながらスウェット感覚で着られるので、1枚でも全然いけるでしょう。

白ならなんでも万能というわけじゃなくて、意外とリスクもあります。ちょっと気をつけるだけで全然違うはずですよ。

さりげないのは小物で色

まあシンプルな定番色のほうがオッサンには無難だよ、ってことなんですが、それだけだとつまらん、っていう意見もわかります。

服なんてしょせん服ですから、着たいものを着るべきなんですよ。ここでアレコレ言ってるのはみなさんの背中を押すちょっとしたヒントみたいなものだし、服に対して自分自身で確固たる信念を持ってる人はたぶんこの本手に取らないだろうから、「服をどうしたらいいか分からない」という層をおおむねイメージしています。

そういう層にオススメしたいのが、**色のある小物を選ぶ**ってことです。これならヤケドしません。外出先で「あーなんかコレ失敗したかも」ってなったら、小物ならとってカバンにしまうことだってできますからね。変ならやめりゃいいんだから、ここはぜひ挑戦してみましょう。

使う色で注意すべきことは、さっきも言いましたが**「ちょっとくすんだ色」**を選びましょう。バキバキの原色はなかなか手ごわいです。くすんでさえいれば、グリーンだろうがピンクだろうがオレンジだろうが、何だっていいです。

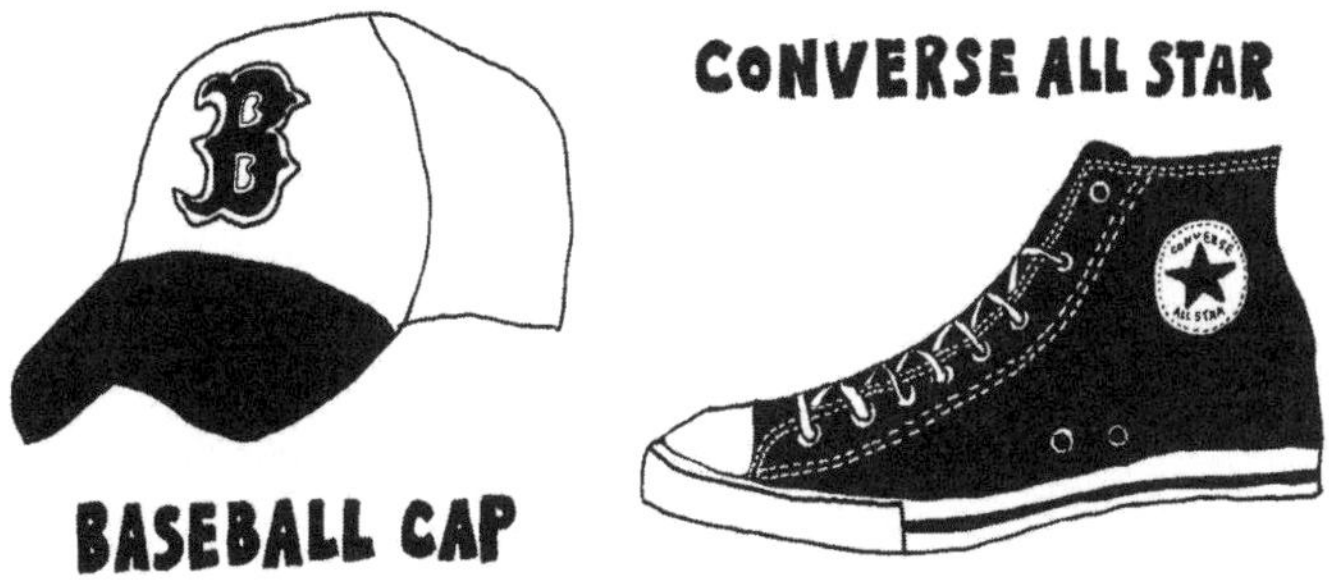

色味を抑えたコーディネートに、色味のあるキャップやスニーカーなどを取り入れるのも効果的。ギラギラした原色よりもちょっとくすんだ色がベスト。

帽子で色をとりいれるなら**ベースボールキャップが使いやすい**でしょう。ハットは思ったより色ものが少ないです。黒、白、グレーくらいのものです。比べてキャップは百花繚乱。どんな色だってあります。

ベースボールキャップにもいろいろあって、深いのや浅いの、ツバがまっすぐなのや湾曲しているもの、後ろのストラップがパチパチと穴に入れるタイプやバックルで調節するもの、バックストラップ自体がないものなど、かなりのバリエーションです。

今だったら、**ちょっと浅めで、後ろがバックル調節のタイプがいい**でしょう。これのいいところって、後ろ向きにかぶってもサマになるってところです。

普通にツバを前にもってきて「あれ変だぞ」ってなっても、前後を逆にしてみたらアリになることって結構多いんです。いろいろ帽子をかぶってると、これは前でかぶるやつ、これは後ろ専用てな具合に何となく決まってきます。前にワンポイントすらついていない完全無地のを選ぶのもオススメです。大人ならこっちのほうが似合う人も多いでしょう。

次は**バッグで色**。リュック、サコッシュ、クラッチあたりが現実的ですかね。

色リュックなら**〈グレゴリー〉**とか**〈ケルティ〉**がいいですかね。カラバリけっこう多いです。カラフルなリュックならやっぱりアウトドアものがいいでしょう。ただ、**リュックはダサいブランドも多いので注意が必要**です。なんせたいていブランドネームタグが目立つところについてるから、どこのかすぐ分かっちゃうのがリュックの利点であり難点です。歴史あるブランドのリュックから選べば間違いないでしょう。ここで、黒を選びたくなるのをグッとこらえて、色リュックに手を伸ばしてみるのです。アウトドア系でなくキレイめ系で選びたいのならおフランス発、**〈エルベシャプリエ〉の発色がいい**です。ちょっとレディスのイメージ強めかもですが、メンズも全然いい感じですよ。

最近は荷物少ない人が増えてきたみたいですね。スマホと財布くらいしか持たない人。そういう人は**サコッシュ**で十分でしょう。ミニショルダーの薄い版みたいな。僕は本とか数冊持ち歩きたいし、それがハードカバーだったりするのでこのサイズだと厳しいけれど。これもいろんなアウトドアブランドからめちゃくちゃ大量にリリースされてるから、色選びには事欠かない。あとは**クラッチバッグ**。これに色があると意外とイケる。全身モノトーンでクラッチだけモスグリーンとかマスタード（からし色）だったりすると、それだけでかなりいい雰囲気でしょうね。

靴で色もおもしろい。ブーツは落ち着いた色が多いから、差し色にはなりにくそう。となるとやっぱりスニーカーでしょうね。

ちょっとレトロ風味のスニーカーだといい感じにくすんでいます。**〈ブルックス〉**とか**〈ポニー〉**、**〈フィラ〉**みたいな、今はあまり履かれない往年の名ブランドをあえてチョイスするのも楽しい。もちろん**〈ナイキ〉**、**〈アディダス〉**はよりどりみどりだけど、より色で遊びやすいのは**〈ヴァンズ〉**と**〈コンバース〉**ですかね。とっても安いし。**「オールスター」**のパープルとかピンクとかすごくいい。〈ヴァンズ〉なら**イエローの「オーセンティック」**とか。

サンダルは地味な色が多いけど、**〈キーン〉**なんかはポップです。**「ユニーク」**というラインはどんどん進化して履きやすくなってるし、赤とかチョイスしても好アクセントになるでしょう。

アクセサリーで色を入れるなら、やりやすいのはターコイズブルーのネックレスやバングルでしょうね。ただ、ちゃんとしたのはかなりいい値段するし、実際のところ数年前にはじまったブームがだいぶ落ち着いてきてるので、そういうの関係なく、**本当に好きだったら手に入れてもいい**でしょう。そもそも流行り廃りを意識するような類のアイテムじゃないし、飽きっぽい人はほかの帽子とか靴とかでやっといたほうが気軽に楽しめるでしょうね。

全身3色以内、が大原則。できれば2色

色使いは日々のファッションを楽しいものにしてくれます。

自分の気持ちが上がるような色の取り入れ方ができてくると、ついつい盛り上がっちゃって、あれこれ色をたくさん入れたくなるかもしれません。

それがトラップです！

色のないコーディネートは味気なかったりしますが、だからといって、**モリモリ色を足していったらそれはまずい**。

さまざまな色を着るのはいいんですよ。要は、それをいっぺんに同じコーデに乗っけないようにしよう、ということです。

たとえば本屋さんに行って、雑誌コーナーに向かってください。そこで、自分が「あ、この雑誌なんかおしゃれな雰囲気だな、やたらセンスいいなー」と思うものを探してみてください。

見つけたら、その表紙に使われている文字に注目してみましょう。いくつの色が使われてま

すか。

おそらく、黒、白、そして明るい色がプラスもう1色といったところでしょう。もしかすると「綴じ込み付録」とか「30周年記念号！」とか表示しているアイコンだけもう1色使われているかもしれません。

でも、せいぜいそのくらいでしょう。

色の数は、白、黒、プラス1色くらいが一番おしゃれに見えるのです。

パッと見ということでいえば、ファッションも雑誌の表紙と一緒です。

もっといえば、人や雑誌でなくても、この法則はだいたい当てはまります。街の看板、店舗のデザイン、ポスターなど。センスいいなと思うものの文字色はほとんどそうなはずです。

もちろん例外はありますよ。色だらけでもすごくおしゃれな人もいます。多くの色を使いまくったおしゃれな雑誌だってあります。

でもそれは例えるなら全身モード服に身を包んだような、世間一般で言うところの「おしゃれ達人」的な存在です。そういうスゴ腕の人は別世界なので参考になりません。

フツーのオッサンがそういうところを目指してもヤケド必至です。そして、そこまでの境地に到達するのを目指してるオッサンもほとんどいないでしょう。

もっと何気なく、**フツーだけどどこかカッコいい**、そんなスタイルを目指すのであれば、**「全**

イメージのいい企業やブランドのロゴマークも色数は控えめ。これらをお手本にして服の配色を決めるのもひとつの方法です。

身で基本は黒、白プラス1色、盛って2色」を念頭においておきましょう。色でガチャつかないようにするのがコツです。

こういった色を取り入れる上で、すごく参考になるものがあります。

それは、**かっこいいロゴマークやパッケージ、旗**などです。

たとえばコカコーラのロゴ、マルボロのパッケージ、スタバのシンボルマークをみてみましょう。どれもイイ感じですね。

コーラのロゴであれば赤と白。マルボロなら赤、白、黒。スタバなら緑と白ですね。

こういう組み合わせは**抜群の相性**ということです。見る人の脳裏に深層心理的に焼きついているほど有名な色の組み合わせでもあるので、もうこの組み合わせを見るだけで**「あ、カッコいい」**

と条件反射的に脳にシグナルが送られます。

こういう刷り込みを利用すれば、簡単にいい感じが実現できます。

具体的には白シャツに赤のトートバッグだったり、緑のカーゴパンツに白スニーカーだったり、ということですね。

どの組み合わせを選ぶかは、自分の好きなものに忠実に。たとえばコーラ好きならその色にすればいいのです。そんなもんです。

そういうのを積み重ねていくことで、無理のない、自分らしいスタイルに近づいていきます。

「好きだから選んで、着てる」っていうのが本来いちばんの自然体なのです。

色盛りまくりがアリな場所もあります。たとえばフェス会場です。

ああいう非日常な場所では、バンバンに色を使いまくるのも楽しいでしょう。

まあ日常とお祭り、それぞれ違った楽しみかたがあるってことですね。

柄の王、チェックは意外とムズい

次に**柄**です。色と同じくらい、ファッションの個性出しには欠かせないのが柄ですが、これも色と共通点があります。

それは、**やり過ぎちゃダメ！**ってこと。

トゥーマッチは厳禁です。

柄だらけのオッサンをたまに見かけることがあるでしょう。あの人がはたしてカッコよく見えますか、ということです。

まずは柄といえば真っ先に思い浮かぶ〝**チェック柄**〟から。

男はチェックが好きですよね。何てことない四角い格子の連続が妙にそそる気持ち、分かります。ただ、チェックは子どもっぽくなるリスクと常に隣り合わせであることも覚えておいてください。

だから、チェックの中でどれをチョイスするかと、その使われ方が重要になってきます。

チェックの代表例として思い浮かぶのがタータンチェック、バッファローチェック、ギン

オッサンに合うチェックの代表格「バッファローチェック」。ヘビーディーティな厚手のネルシャツはおしゃれ度を上げてくれるマストアイテムです。

ガムチェック、オンブレチェック、アーガイルチェック、グレンチェック、千鳥格子といったところでしょうかね。他にもめちゃくちゃいっぱいあるけれど。

それぞれの細かい説明はいろんな本で紹介してるので割愛しますが、簡単に順に説明すると、スカートっぽいやつ、ネルシャツっぽいやつ、細かいやつ、ぼやけてるやつ、靴下っぽいやつ、コートっぽいやつ、鳥みたいなやつ、ってところでしょう。

このうちで、どんなオッサンにも似合うオススメといえば、**バッファローチェックとオンブレチェック**ですかね。

一番よく見かけるのはタータンでしょうが、明るい色のチェックだとかなり難しいです。ポップすぎて。

どうしてもタータンチェックが着たい、というのであれば、**ブラックウォッチという暗めのパターンをチョイス**しましょう。イギリスの夜警の人が身につけていた柄が由来となってるもので、落ち着いた大人のタータンです。これなら大丈夫でしょう。

バッファローチェックはブロックチェックとも呼ばれます。チェックの中でもかなりシンプルな部類ですが、それがいい。やっぱり**赤が入ってるディス・イズ・アメカジなタイプのものがしっくりくる**でしょう。

アメカジはオッサンと相性いいので、問題なくいけるはず。ガンガン着用して全体にクタッとしてきてからが本番です。**大切に着るのでなく、ワーク感全開で着ましょう**。いい味が出るまでは我慢です。新品の風合いはイマイチなので。昔のアメリカ映画みたいなくたびれた雰囲気が出ればベストです。

オンブレチェックも意外とアリです。**周辺がボヤッとしたチェック柄**。まあシャツ一択でしょう。

これはモノトーンの配色が多いので、必然的に大人っぽくなります。フツーに黒パンあたりと合わせるだけでいいですよ。余計なアクセントや小物は要らないと思います。白Tにさらっと羽織るぐらいがかっこいい。

足元をオールスターにしたらそれだけで**どこかミュージシャンぽい雰囲気**になります。

チェックは全体に使われるだけじゃなくて、部分でもよくあしらわれる柄ですが、ここでも注意が必要です。

基本的に、**チェックの部分使いは要注意**。できれば避けたほうが無難です。

たとえば、衿を立てればチェック、袖をまくればチェック、裾を折り返せばチェック、という**〝めくったら現れる系〟**のやつです。

ポケットだけチェックとか、バッグの底やハンドルだけチェックというのもありますね。

このへんは**けっこうな地雷なので、やめときましょう**。理由は……なんか中学生みたくなっちゃいます。

チェック部分使いモノは、いい歳したオッサンはやめておいたほうが無難でしょう。

不動の4番サードはボーダー柄

チェック柄が王なら、**長嶋はボーダー柄**でしょう。

ボーダーといえば、パッと思い浮かぶのが**〈セントジェームス〉**でしょう。あとは**〈アニエスベー〉**もボーダーイメージありますね。やっぱりフレンチが強い。

ボートネックに抵抗ない人は〈セントジェームス〉が間違いないでしょう。ただ、インには白Tを着ましょうね。**素肌に直だと、首回りがちょっと開き過ぎちゃいます**から。

クルーネックがいい人は〈アニエスベー〉とか、他のブランドもいいでしょう。僕は**〈バンクス〉のボーダー**をよく着てます。都会的な雰囲気も併せ持つサーフブランドといった趣なのですが、配色がいいです。潮で焼けた感じというか、色あせ具合がいい。

まああらゆるブランドでボーダーはリリースされるから、これはもう、ほんと無限の配色、幅、素材感から、コレというのを選んでください。

どれ選んでもいいと思うのですが、**ボーダーの上に文字やロゴが乗っかってるやつは避けたほうがいい**。変に凝らず、フツーでいいのです。ここをガマンできるかどうかがおしゃれの曲

ボーダーシャツの着こなしの例。左のようなボートネックは一枚で着ると首元が開きすぎるので、下に白Tシャツをさらっと着込んでおくのがポイント。

がり角です。

細いピッチのほうが一般的ですが、太ピッチのもいいですよ。ただ一歩間違えれば囚人と呼ばれるのは覚悟のうえで、自己責任でお願いします。

僕は一般的な黒白とかでない、ちょっと変わった配色のボーダーを着ることが多いです。

グレー×白とか、薄青×茶色とかですかね。胸ポケ付きで。とくに理由はないです。ド定番からちょっとハズすくらいのが一番好きなのかもしれません。アーバンな気分のときと、土臭い気分のときで選ぶボーダーも変わってきます。

まあ**ボーダーは柄の中では一番のオススメ**です。とくに夏だったら、無地とボーダーのTシャツさえあれば何とかなっちゃうんじゃないでしょうか。それくらい素晴らしい柄アイテムだと思います。

最終的には無地……なのか？

まあ柄は、チェックとボーダー以外の変わったのを選ぶくらいなら、**無地のほうがいいっていうのがホントのところ**だと思います。

とはいえ、それだとあまりに保守的でつまらん、という人もいるでしょう。まあ法則としてはそうなんですが、別にシンプル至上主義の本でもないので、他の柄を着たい、という人に向けて考えてみましょう。

最近は柄のバリエーションも増えましたね。チェックとボーダー以外で、着たくなる柄って何ですかね。

まあ、**カモフラ柄**ですかね。いわゆる迷彩パターン。あとは……**ネイティブ柄**ですかね。

この2つの柄はアリでしょう。ただ、**モノとしてのクオリティを見極めましょう**。安っぽいととたんにすべてをダメにするパワーを持つおそろしい柄でもあります。

たとえば、スーパーのワゴンにうず高く積まれたセール服に紛れている、カモフラ柄とネイティブ柄アイテムを想像してもらえればいいでしょう。つまり、ああいうのを選んじゃダメっ

チェックやボーダー以外なら、ネイティブやカモフラ柄を取り入れるのがいいでしょう。ただし、安っぽいやつはNGを。クオリティにはこだわって。

てことです。

世のデザイナーたちは、**ミリタリーやアメカジ、古着といったものに色濃く影響を受けた人たちが多い**です。

そういう人はクオリティの高いカモフラやネイティブ柄を再現しようと努力してます。いい大人のデザイナー自身もちゃんと着られる、着たいものを作るので、そこは思い切りこだわります。そういう目線で生まれたこれらの柄なら大丈夫なはずです。

デザイナーたちも気をぬくとダサくなる柄っていうことをイヤというほどわかっているので、サンプル段階で何度もやり直しを重ねて、納得のいくクオリティになってから世に出ています。そういうのを着ましょう。そうすれば**ハズレはほとんどありません。**

一方で、**古着っていう選択肢**もあります。

高円寺や下北あたりでオルテガなどのリアルネイティブものや、フランス軍放出のカモフラものを探すって方法です。

これは運良くいい感じのが見つかればもうけもんでしょうね。

オッサンになって古着はすっかり着なくなったという人も多いでしょうが、どうしてなかなか、いくつになっても**やっぱり古着探しは楽しい。**

古着屋は、あまり有名どころにこだわらないほうが、意外といいのが埋もれてたりします。メジャーなところは入荷したそばから売れちゃうし、あと値段も強気です。古着なのに新品より高いじゃん！　てなとこも多いです。

古着探しの楽しみは、全然ノーマークのたまたま入った店に破格の値段で自分にぴったりのをみつけたときでしょう。そういう運命的なストーリーを古着には求めたいですね。

ちょっと郊外に出て、町田とか柏、大宮あたりを探してもおもしろそうです。

意外と原宿にもいつのまにかひっそりと新しい古着屋ができてたりします。あとは新品の店でもじつは1ラックだけ古着扱ってたりとか。レコード屋で古着をちょこっとやってたりするところもあるので、探してみると楽しいでしょう。

あとは、他の柄といえばドット、幾何学、ペイズリー、星柄などもありますね。

まあ……**やめといたほうがいいんじゃないですかね。**

どうしてもというんなら、スイングトップの裏地がペイズリーとかなら、ギリギリありですかね。モノにもよるとは思いますが。

ドットとか星とかは、どうしてもちょっと可愛くなっちゃうから。髪型編のとこでも書きましたが、「オッサン」と「可愛い」というのはどうにも食べ合わせがすごく悪い！　天ぷらとスイカくらい食べ合わせが悪いんです。

カワイ子ぶったオッサンはそれだけでもうオエップなんで、そこからなるべく遠ざかるのが得策です。

あと新興勢力の柄だと、**バンダナ柄**がありますね。

ペイズリーの亜流ですが、これはうまく取り入れればいけますね。

トートバッグの柄としてなら大丈夫です。**あとはシャツ**。きっちり着る感じじゃなくて、あくまでもさらっと、テキトーに羽織りましたって感じを出しましょう。

このチープ感はあえてですっていうのを出さないとうまくないです。ショーツとかに合わせるくらいがちょうどいいかと。

で、このへんで柄は打ち止めですね。無地のアイテムはいくら着てもうるさくならないんで、**無地服をベースに、ゼロか1、柄ものをプラスする感覚**でやってみてください。

ビンボー性だと柄モノ買いたがるスパイラル

街をひとたび見てみると、**柄好きなオッサンがわんさかいます**。何とも形容しがたい、何柄と呼んでも違う、斬新な柄を着てる人もけっこういますね。しかも、その柄に色がバキバキに乗っている。

色も柄も、この章で述べた限界点を1着で軽々と超えてしまっている。そういう人が多いです。何で世のオッサンはこうも柄ものが好きなんでしょうか。無地だともったいないっていうことなのかもしれませんね。具の入ってない弁当箱みたいな。

白飯と梅干しだけの日の丸弁当と、具だくさんの幕の内、さあどっちを選ぶ？　っていうチョイスなのかもしれません。

でも待ってください。**服とメシは違うのです**。

同じくらいお金出して買うなら、何も手が込んでない無地を選ぶより、ホドロフスキー映画以上にサイケな色と柄の世界……といったアイテムを選びたくなるのもわかるような気もします。でもそこで立ち止まるのが大人です。**ときに我慢もできるのが大人の証**でしょう。

無地なら来年も飽きずに着られますよ。定番のチェックやボーダーでも同様です。でも変わった柄を選んじゃうと飽きも早いです。もったいないですよ。そんなに服ばっかり選んでるほどみなさんはヒマじゃないはず。ヒマなオッサンも中にはいるでしょうが、そうであってもそう見せないのがオッサンならではの駆け引き力、世渡り力だと思います。

まあ、早い話が**ビンボー性で柄ものを選ぶなら、それはやめたほうがいいよ**ってことです。身も蓋もない話ですが、これは意外とやらかしがちなのです。事実はまったく逆です。**無地のほうがオトク**なのです。無地は何個でも合わせられるのですから。それに対して柄物は1つのコーデに1つが限度。そうなると、着られる頻度が極端に制限されるのです。

どうせ買うなら、しょっちゅう着られたほうがいいじゃないですか。柄をどうするか忙しい朝、迷い続けるのも時間の無駄でしょう。その点無地ならさっさと合わせられます。

かといって、柄を否定してるわけじゃありませんよ。ただ、やみくもにパンチ利きすぎな柄モノに走ると、いろいろもったいないですよ、ってことです。**ケチったつもりで柄物を買うも、結局あまり着られず無地のほうがよかった**っていう展開だけは避けましょう。

オッサンのための、ガンバらない

色味・柄の極意3か条

□バキバキの原色より、あせた色を選ぼう

□困ったらネイビーかオリーブ。柄ならボーダー。

□柄モノは、無地のアクセント程度でちょうどいい！

【第6章】

じわじわ効いてくる
小物スパイス的バッグ・アクセ活用術

オッサンがリュック背負うときの十か条

リュックは便利ですよ。何たって両手がフリーで使えますからね。

これは他のバッグにはない特徴でしょう。まあショルダーバッグとかメッセンジャーも両手空くことは空きますが、フリー度合いでいえばリュックがトップなのは明白です。そのアクティブ感から**もっとも選ぶべきバッグ**といえるでしょう。

ただし！　おいそれと手を出すのは危険です。

確かに何をするにつけリュックは便利ですが、いくつか守るべきルールが存在します。

十か条をここにざっと挙げておきましょう。

まずその1。**ベルトを伸ばしすぎることなかれ。**

肩にかける部分ですね。あそこが長いとリュックの位置が下がって女子みたくなります。かといって短過ぎてもキツキツで疲れるので、**背中の中央あたりにちょうどリュック本体がくる**ようにベルトを調節しましょう。ここで変な主張は不要です。フツーに背負いましょう。

その2。**丈夫なのを選ぶべし。**

やっぱりリュックはハードワークの相棒なので、かなりの負担がかかります。**変にケチって安いのを買うとわりとすぐこわれます。**ベルトと本体の継ぎ目とかがビリっといきます。あとはジップがいかれたり。安いやつだと荷物たくさんいれたままジップを閉めるときによくぶっこわれます。なのでちゃんとバッグを作ってるところのがいいでしょう。

洋服メインでやってるところが添え物的にリュックだしてたりすると往々にしてヤワだったりします。角ばったものをいれたりすると生地じたいがやぶれることもあるので、コーデュラやバリスティックといったタフなナイロン素材がいいでしょう。

その３。**自分の荷物量を知ろう。**

荷物が多い人はちょっと大きめを選ばざるを得ないでしょう。逆にケータイと財布くらいしか荷物のない人はデイパックで十分。荷物の多い少ないは人によってだいたい決まってるのでそれに合わせましょう。**あまりにスカスカすぎなリュックも貧相だし、パンパンすぎも不恰好**です。ほどほどに荷物が入ってる状態がシルエット的に美しいです。

その４。**何に使うのか。**

最近はリュックも多様化しています。ビジネスシーンでもすっかり市民権を得たし、キャンプやＢＢＱにも重宝します。自転車に乗るときもいけるし、街で買い物するときにもいいでしょう。用途によって選ぶべきリュックも変わるので、自分がおもにどんなときに使うのかをハッキリさせときましょう。

ビジネスなら色は黒で決まり。リュックにも手提げにもなる2ウェイか、さらに肩ストラップがついてショルダーにもなる3ウェイが理想的でしょう。キャンプならアウトドアブランドで間違いない。ライトなアウトドアなら街使いと兼用できそうなのを選べばムダがありません。

自転車にのるならサイドに水筒をいれられるメッシュポケットがついてたり、ロングライドの負担にならないライトウェイトなやつがいい。自転車専用のでもいいし、そこまでガチじゃないのなら一般ブランドのやつからでも十分選べます。**防水は必須でしょう。**なかにはリュックの上部から収納してあるシートを出せて全体を覆えるギミックのもあります。リフレクターがついていれば夜間走行の安全面も確保できますね。

街オンリーでの使用なら、デザインの占めるウェイトが高くていいんじゃないですかね。レザーとのコンビとかでもいいと思います。でもあんまり奇抜なデザインを選ぶといろんな手持ち服と合わないのも出てきたりするんで、シンプルめなやつがいいと思います。最近はハイブランドからもリュックが出ているので、このジャンルは選び放題でしょう。

ただしアウトドアリュックほどの頑丈さは期待しないほうがいい。その中間くらいのも最近は多いです。**〈F／CE.〉**なんかは都会っぽいし丈夫だし、値段もそこそこなんで候補のひとつにいれてもいいのでは。

荷物をたくさん運べて、両手もフリーで使えるなどいいことずくめのリュック。ただやみくもに背負えばいいわけではなくオッサンなりのルールもある。

その5。**ピンとくる色を選ぶべし。**

どんな服でも合うリュックという基準でいえばやっぱり黒ですが、そんなに気に入ってないのに黒を選ぶ必要もないです。こういう実用小物は気分をアゲる的な要素もありますから、**好きな色のを選ぶのがいちばん**です。ちょっと目立つ色のリュックを選んだとしても服がシンプルであればアクセントになってくれます。まあ正直どうなのっていう色のリュックもありますが、「好きな色のリュックを背負ってる」っていう気分の良さのほうがコーディネート云々に勝るんじゃないですかね。

その6。**モテを目指すことなかれ。**

リュックってそもそもモテを狙えるアイテムじゃないです。**実用本位で選んだほうが失敗しない**でしょう。カバンってモテとは遠いです。手ぶらがいちばんモテます。どうしてもモテバッグを持ちたいのならトートのほうがいいでしょう。

その7。**ポケットは多いほうがよし。**

内側、外側問わず、**ポケットはいっぱいあったほうがいい**です。財布、カギ、ケータイあたりは独立して収納したいところです。あとはPC。保護パッド入りであればバッチリです。

意外なところだとカサ。折りたたみ傘を入れる防水スペースがあると重宝します。雨降ってないときのカサってすごく邪魔じゃないですか。なので常時ここに折りたたみをいれておけばカサ問題は解決します。最近の折りたたみ傘はすごく小さいんでいいですよね。でもアレもちょっと丈夫にならないもんですかね。ちょっと風が強いとすぐ壊れるからなあ……。

その8。**パッカブルだと便利。**

くしゃっと丸めてポケット部分に本体を収納できるやつです。リュックが小さなポーチくらいになるので、たとえば普段トートバッグの中とかにいれておいて荷物が増えたときにガバッと広げるといった使い方ができます。この手のリュックはだいたいすごく軽量なので持ち歩くストレスもほぼありません。**旅のおともにも最適**です。

その9。**あまりゴテゴテつけることなかれ。**

ついバッグをカスタムしたくなる人いますね。缶バッジつけたり、バンダナ巻きつけたり。昔やってたオッサン多いんじゃないですかね。好きなバンドとかの缶バッジを3つくらいガチャっとつけてた人。まあ**オッサンにはあまり向かない**ですね。どうしてもつけたい人はせいぜい1つかな。でもその1つがかなりセンス問われます。バンドものはチョイス次第で地雷的リスクもはらんでいます。かといってイケてるブランドの缶バッジとかもなんかカッコつけてる感が浮き彫りになって微妙……というわけでストライクゾーンは相当狭いことを覚悟してください。それでもつけたいチャレンジャーはぜひ。

その10。**スリに注意。**

僕はロンドンで酔っぱらって上機嫌で話しこんでいたら知らぬ間にリュックのジップ開けられて中の財布盗まれました。リュックだからと安心してはいけません！　**まあリュックに限った話じゃないですけど……。**

10個めは正直なかなか思いつかなかったので少々苦し紛れですが、あと9つは核心を突いていると思います。これさえ守ればあなたもリュックマスターになれます！

ボディバッグはパンドラの箱

荷物少ない派のオッサンがよく愛用してるカバンに、**ボディバッグ**があります。**肩から斜めがけにして使う小さなタテ長のカバン**です。部分的にレザー素材を使ったタイプが多い気がします。目立つシルバーのジップがついてるようなやつです。

サイズ的にも便利なのはわかります。けっこう細かいポケットなんかもついていてカユいところに手が届きそうです。でも、**はっきり言ってあまりオススメしません。**

理由は……なんですかね、学生っぽいんですよねあれ身につけてると。ウエストバッグをハズシで斜めがけしてるうちはよかったんですが、妙に本気な感じが違和感あるんですかね。やたらウエストが絞られて前立て裏に柄をあしらったシャツに、目立つ刺繍と切り替え入りまくりのデニムをあわせているような人が好んで持ってる感じといえば理解してもらえますかね。何というか、**独特のゾワゾワ感があります。**

いちどボディバッグというパンドラの箱を開けてしまうと、使い勝手はかなりいいのでついつい毎日使ってしまう魔力に取り憑かれてしまうでしょうが、そこはぐっと我慢してなるたけ

手を出さないようにしましょう。

小さいバッグを使いたいなら**サコッシュ**のほうがいいでしょう。**小型の長方形ナイロンバッグにコードがついてて斜めがけできるアイテム**です。まあこれもそのうちナシになりそうな気もしますが……今は全然アリだし使えます。サコッシュはアンダー5000円で買えるロープラアイテムなのでそのうち微妙になって使えなくなったとしてもそこまで痛くないでしょう。フェスとかで活用できますし。**〈アンドワンダー〉**の半透明のやつなんてすごくいいんじゃないですかね。

まあサコッシュは基本ナイロン素材なので、普段使いしていないときは**トートバッグやトローリーケースの中で小分け用に使うこともできる**から、持っておいて損はないです。旅先での移動時にもちょうどいいサイズ感です。

基本的に日常生活で便利なものであれば推奨したいのですが、この本はいちおう「おしゃれ術」でもあるので、ボディバッグはあまりオススメしません。

世の中の機能的なものはだいたいカッコよくもあるんですがね。

見た目がゴチャゴチャしているからなのか……、まあ何でも例外はあるってことですね。

トートは不便だけど見た目はいい

分かりやすくかっこいいバッグは**トート**でしょう。

本当はバッグ持たない、っていうのが一番でしょうが、まあ人間いろいろ用事あったりするんでしょうがないですよね。**ホントは手ぶらが最強ですけど。**

パソコンとか一度持ち歩きだすともうクセみたくなっちゃいますからね。持ち運ばないと落ち着かないみたいな。結局一度もバッグから出さない日もあったりなんかして、イヤですけどね。なんか現代病みたいで。いくらMacBookだってそれなりに重いし。

トートバッグならＰＣもいちおうストンと入ります。ただの袋っちゃ袋なんでちょっと心もとないですけどね。防護してくれる感覚はないです。ちゃんと耐衝撃のＰＣケースに入れてから放り込みましょう。まあトートはカバンとしてはとてもシンプルなんで、見た目はバッグ類のなかでいちばんファッション的でしょう。

ひとくちにトートといってもかなり幅があります。

まず**〈ＬＬビーン〉みたいなキャンバスのクラシックなトート**。いいですよね。本家のや

肩肘張らずに持てるトートバッグもオススメ。アパレルブランドのも良いが、感度の高い書店やホテル、レコード店などのオリジナルも狙い目だ。

つが間違いないでしょう。**ガンガン使い込んでへたらせてからが本番**です。新品パリッパリの感じより、ヨレヨレになってきたほうが雰囲気あります。やっぱり本当にイイものって、使ううちに価値があがっていくものです。LLビーンのキャンバストートはまさにそれ。**サイズは気持ち大きめがいい**でしょう。小さいとちょっと女子っぽいです。あまりデカすぎても中で荷物が泳いで扱いにくいです。

色はかなり選べます。好きなやつでいいでしょう。ハンドル部分がイエローだったり、迷彩になってたりするやつもいいと思います。カバンだったらそれくらい遊んでも全然平気でしょう。

この手のトートはそもそも氷のかたまりを運ぶのに使われてたっていうくらいですから、**多少の雨や汚れも気にせず使うべき**。そもそも丁寧に扱うたぐいのものじゃないです。

国産なら**〈シュペリオールレイバー〉**は堅牢な作りです。**〈メイプル〉**もいい。犬の散歩とかにも使うなら**〈ロットワイラー〉**も選択肢に入ってくるんじゃないですかね。

あとは意外と使えるのが**本屋のトート**。本屋さんが出してるやつです。

これのいいところはまず、安い！　まあ本を買って入れてもらいたいがために出してるバッグなので、ここで儲けようという感じはないです。

そしてタフです。本ってかなり重いですよね。あれを何冊も入れても大丈夫なように作られているから取っ手と本体の接合部のところが重みに負けてブチって切れたりすることはほとんどないはず。弱いやつだとすぐあそこがいかれますからね。

カリフォルニアの**〈シティライツ ブックストア〉**、ロンドンの**〈ドーント ブックス〉**あたりの有名書店ものは定番でしょう。けっこう目立つグラフィックなので好みがわかれるでしょうから、好きなデザインのを選ぶべき。興味が湧いたらその書店の歴史や特徴をたどっても楽しいでしょう。

日本の書店モノも負けていません。中目黒の**〈カウブックス〉**はこういうのに力入れてるのでしっかりしてます。お隣りが系列の**〈マウンテンリサーチ〉**のお店だからハシゴするのもいいでしょう。

意外なところではホテルもけっこうトート出してます。ブルックリンの**〈ワイスホテル〉**のはちょいちょいデザインも変わるので人とカブらないしいいんじゃないですかね。

あとはレコード屋とか。**〈ジャジースポーツ〉**（レコ屋です）のトートはいいです。ここはキャップとかもすごくイイ感じなんで都心からはちょっと離れてますが足を運ぶ価値アリです。海外ならロンドンの**〈ラフトレード〉**とか。これも本と同じでLPレコードをたくさん買って入れてもらうために作ってる袋なのでかなり安めに設定してあります。こういう実用目的で作られたものはやっぱりいいですよ。

まあ、トートバッグは機能性皆無です。なんせただの袋ですからね。雨は中にバンバン入ってくるし、持ってて疲れるし、なんか姿勢も悪くなりそう。混んでる電車だとスリにもあいそうだし。そういうことを考え出したら圧倒的に不利なバッグなので、気になる人はリュックにしといたほうがいいかも。**トートは不便さを超越した、なんかさりげない感じがいいんです。**

荷物たくさん入ることは入るけど、整理整頓能力も皆無に等しいです。ひとつ内ポケットがついてたらラッキーくらいに考えといてください。だから**小分けにするミニポーチ的なのは必須**です。これがないと中でえらいことになる。バッグを入れ替えるときに小分けポーチごと移すようにすれば楽チンです。

カバンは伝統ブランドにハズレなし

モノを袋にいれて移動する必要っていうのはすごく昔からあったわけで、そういう意味ではカバンに関しては**古くから続く伝統ブランドの信頼性が高い**です。

だってすぐ破けたり、使いにくかったりするブランドのもカバンの歴史の中ではたくさんあったはずですが、そういうところのはみんな使わなくなるから淘汰されてきてます。で、今も残ってるところは技術的にそういう競争に長い年月打ち勝ってきたところだから、それはつまり**カバンとしてちゃんとしてる**ってことなんです。

もちろん単純な丈夫さでいえば素材やなんかは近年のハイテクを駆使したところが強いですよ。それに伝統ブランドはたいがい「重い」です。分厚い革やキャンバスで、使われてる金具なんかもごっついですから。そこに荷物を詰めればもうズッシリ肩にきます。

ただね、そういうのを超えて、なんかいいんですよ。**この道具感が。**こういうのは**〈ダナー〉のブーツ**とかにもあてはまりますが、実直に作ってる真面目さと、長く愛せる「モノ感」。こういうのは一朝一夕には得られないものだから、ハイテク高機能バッグとは別に、昔からある

長く愛用したいなら、伝統ブランドのバッグなら間違いない。〈フィルソン〉のトート、〈ダルースパック〉のショルダーは道具としての風格が漂う。

伝統ブランドのバッグを持っておくのは悪くない選択だと思います。

代表格は**〈フィルソン〉**ですかね。もうほとんどただの分厚い布の袋です。だがそこがいい。

イイものだからこそなくならずに続いてきたのです。動物だってそう。シーラカンスやコモドオオトカゲはまわりの生き物たちが次々絶滅するなか現代まで生き延びてきたわけじゃないですか。それにはちゃんと理由がある。ほぼ昔のまんまなのに、現代の環境でも適応できる普遍性を備えているから存在してるわけです。

フィルソンは見るからに武骨で、丈夫です。「分厚い布を太い糸で縫った」から当然なんですが、**そういう土臭いとこにグッとくるのが男のモノ選び**ってもんでしょう。トートでもドラムバッグでもリュックでも味がありますね。

あと伝統系ブランドだと、ちょっとマイナーですが**〈ダルースパック〉**もいいです。いまだに職人がひとつひとつハンドメイドで作ってます。だから内側のメイドインUSAのタグをめくれば、**作った職人の名前が手書きされています。**

いまだに知名度も低くて小規模で、ミネソタの片田舎でコツコツ地味に作り続けてる。でかいブランドとは売り上げも比較にならないでしょう。でも小規模だからこそ続けていけてるし、リピーターも多い。どんどんブランドを大きくしたがるところが多い一方で、こういうのもひとつの道なんじゃないかと思いますけどね。

ダルースパックは**ショルダーバッグがいい**と思います。キャンバスとレザーベルトをつなぐ箇所の、いかにもハンドメイドなスタッズ補強などは**「あーコレいいなー」ってしみじみ思う**でしょう。ただ、機能性はさほど期待できません。カヌー用バッグが発祥なのですが、今の基準からすれば水にも全然強くない。仕切りやポケットも最小限です。でも、100年以上も存続してきたのはそれなりの意味があるのです。「これっぽい」のは多くが現れては消えていったわけですから。

その魅力とは何かを探るために持ってみるのも一興でしょう。サイズが大きくなければそんなに高くないですし。ちなみに**フィルソンが1897年、ダルースパックが1882年創業**といわれています。日清戦争あたりとは、いやー古いですね！

やったらゲームオーバー。アクセのゴチャ着け

おしゃれに目覚めたオッサンが陥りがちなワナの代表格として**「アクセをやたらジャラジャラつけたがる」**が挙げられます。

確かに、いろいろ手がこんでたほうがいかにも「おしゃれしてる感」ありますよね。真逆です。とくにアクセは、**やればやるほどアウト**になっていきます。

ダサい人は何もつけてない。おしゃれな人はいろいろつけてる。まずこの意識をあらためてください。間違った方程式です。

ガチャガチャつけてると「ほら俺、すっごいおしゃれでしょう！　わかってるでしょう！」とまわりに聞いてまわってる感じを撒き散らす感じになっちゃうんですよ。そういう臭気が出た時点でオワリですから。「さりげなさ」っていうのが何より大事なわけです。せっかく買ったんだからいっぱいつけたくなる、その気持ちをグッとこらえるのが大人です。

まず腕元からみていきましょう。**マックス2個ですね。それで十分。**つまり腕時計だけか、

腕時計とバングル。もしくはレザーブレスレットあたり。これでやめといてください。

もちろん1つでもいいです。腕時計だけ。バングルだけ。ブレスだけ。これでも十分です。

ゼロだってOK。腕になにもつけない。これも全然アリ。無理につける必要はありません。

ノーアクセ派の人はほんと何にもつけません。僕もこれに近くて、**全身で0か1しかつけません。**ときには例外もありますけど。

まあ時計は奥が深いんでここでは言及しませんが、シルバーバングルはひところ**インディアンジュエリーものが一世を風靡**しました。もうかなり落ち着いてきてるんで、あとは「本当にこういうインディアンジュエリーが好きかどうか」で決めましょう。ナバホ族とかホピ族のスピリッツを本当にリスペクトしてるなら高くても、流行ってなくても、買うべきでしょう。

流行り廃りを気にするタチなら、インディアンジュエリーは今手を出すべきじゃないです。下降線なので。まあ本来こういうものはファッションを超えた存在でもあるので、そういうことを悩む時点で買わないほうがいいかも。

似たようなのが1、2万くらいで売ってます。ナバホ現地のお土産屋で買いつけてきたのをこれくらいの値段で売ってる店もけっこうあります。ときどきつけようかなくらいのスタンスの人はこれもひとつの選択肢だと思います。まあ推奨するってほどでもないですけど。いちおう現地で作ってるホンモノですから。有名作家のじゃないですけど。

アクセサリーをゴチャゴチャつけすぎるのはＮＧ。ついアピールしたくなる気持ちをグッとこらえて、腕時計＋バングル１本程度に留めておきましょう。

ボリュームは比較的少なめのほうがつけやすいですよ。幅広のやつよりも細めのほうが使い勝手がいい。重ねづけするときに合わせやすいので。「どうしても太いやつがいい！」という人は1つだけつけましょう。

ネックレスにいきましょう。これはけっこう難しい。なんせ目立ちますからね。有名ブランドつければいいかっていうとそうでもない。有名どころはイメージがガチガチについちゃってますからね。**〈ゴローズ〉**はいいと思いますが、**通常ルートで買うんならめちゃくちゃ並ばないといけないのがネック**でしょう。並んでるところを知り合いに声かけられたりしたらけっこう恥ずかしいかもです。

ただ、やっぱりイーグルとかに憧れるのは男ならどうしようもないところもあるので、他の服を思い切りシンプルにしてさらっとフェザーとかでまとめればいいと思います。ゴローズの中では人気あるモチーフではないですが、矢じりなんかいいと思います。小さめのをさらっとつければ人とカブらないし。やっぱりプロダクトとして単純にカッコイイですからね。ただ鬼のようにプラスしていくのはやめといたほうがいいんじゃないですかね。まあそこまでいくとオタク的な領域でしょうから、それはもう別問題ですね。

もう一つの雄としては〈クロムハーツ〉でしょうね。**あえてペンダントトップなしでボールチェーンだけつければシンプルで大人っぽい**です。これならそこまで高くありません。ちょい長めで選んで、無地Tに合わせるだけでいい感じです。

ビーズ系っていう選択肢もあります。ブランドにこだわらなければ値段もそう張らないし。ただ夏っぽさが強いんで、季節感が気になる人はあんまりでしょうね。あと色がついてるから飽きるのも早いかもしれません。まあどんなのを選ぶにせよ、シンプルなのをさらっとつけたほうがいいでしょう。**ほとんど気づかれないようなくらいでちょうどいい。**

あんまりいないと思いますがネックレス重ねづけもナシで。シンプルなのをさらっとつける。これで十分だと思います。

どうしてもネックレスは「オラァ、ついに買ったぜ！」といった**オラオラ感が出やすいアイテムでもあるので気をつけましょう。**まあ高いお金だして苦労して手に入れたものだからそう言いたくなる気持ちもわかりますけどね。わかりますけど我慢する。我慢こそが大人の証です。

メガネは目がイケてない日本人の救世主

顔のど真ん中、超目立つアイテムといえば**メガネ**です。
メガネがいい感じにハマっていれば、極端にいえば他の服が全然パッとしなかったとしてもそれなりに見えちゃいます。それくらいのパワーを秘めています。**なんせ目立ちますからね**。日本人はメガネが似合います。なぜかといえば、**目がイケてない人が多いからです**。やっぱりどうしてもホリが浅いですからね。
目とマユのあいだが狭くて、パッチリ二重の、いわゆる「イケてる目」の人はメガネがなくても全然いいです。そういう人はメガネかけるとせっかくの目の良さが隠れてしまったりしてむしろないほうがよかったりもするでしょう。が、残念ながらそういう「目がイケてる」人は日本人には少ないのが実情です。
モンゴロイド特有の蒙古ひだがあってどうしても目が細く、小さくなってるのが典型ですから、それはもう仕方ないですね。ただべつに白人に寄せていく必要などありません。日本人なら日本人の良さを出していけばいいのです。そのアドバンテージこそが「メガネが似合う」ということです。

まず、メガネをかけると**不思議と「高性能感」が出ます。**この感じがどこかクールに映ります。この感じは西洋人にはなかなか出せないアジです。たとえていうならマッチョなアメ車に対しての、トヨタのプリウスみたいな感じというか。

アメ車はデカくてカッコいいけど、プリウスにはそれとはまったく違ったベクトルのクールさがあるじゃないですか。そっちを狙えばいいんです。

そのためのツールとして必要不可欠なのがメガネです。日本人でも数少ない、目がイケてる人はアメ車を目指せばいいと思いますが、大多数のそうでない人たちはメガネを使ってプリウスの「高性能感」を狙いましょう。ハリウッドセレブたちも今では競ってプリウス乗りだったりするでしょう。今はそっちのほうがクールな時代なんです。時代に感謝です。

排気ガスを撒き散らすよりも地球環境にやさしいことのほうがカッコいいのです。

ただ、メガネと同じく**顔まわりを構成する髪型にもちゃんと気を配りましょう。それが難しい人は帽子です。**いくらメガネがいい感じでも頭がちゃんとしてないと効果半減です。

細フレーム全盛だが、あえて太めを選んでみる

さて、そういうわけでメガネの重要性を説いたわけですが、ここではじゃあ、どういうメガネを選ぶべきかを見ていきましょう。

今は**全体的に細めのフレームに勢いがあります**。形としては**ボストン型**と呼ばれるけっこう丸に近いやつですね。

素材としてはメタルがメインです。シルバーとかピンクゴールドあたりに支持が集まっているようです。でも、この細メタルには弱点があります。**かなり繊細なメガネなので、どうしてもインパクトが弱い**んです。

つまり、日本人特有の「目がイケてない感」を覆い隠すという役割を果たしにくいということです。

雰囲気は出るんですけどね。シャープな印象になります。とくにサイドから見るとシュッとするんですが。

いかんせんほとんどメガネかけてないのと同じなので、雰囲気づくりには一役買うけどそれ以上の効果は期待しにくいということです。イケメンは似合うのですが……。

なので、大多数の日本人にオススメしたいのは、**あえて太めのセルフレームを選ぼう**ということです。

ちなみにセルフレームとよくいいますが、**セルとはセルロイドの略**です。セルロイドはかつてメガネ素材の主流（というかこれしかなかった）でしたが、熱に弱いのでだんだん使われなくなり、アセテートという扱いやすい素材に移り変わっていきました。

ただ、ここにきてセルロイド特有の重厚な風合いが再評価されて、また少しずつ増えてきています。

一般的にはこういうプラスチックフレームはまとめてセルフレームと呼ばれているので、ここでもまとめてセルと呼称します。

で、太セルの良さですが、それはもう、**目のまわりの印象を丸ごと変えてくれる**力があります。

顔の彫りが深くないと、目の周りってどうしても余白が多いんですよ。その余白がちょっと間の抜けた印象を与えてしまいます。

そこで黒縁の太いセルフレームをかけてみると、そのあたりが埋まります。

ボストン

下がウェリントンより丸い。
誰にでも似合う。

ラウンド

まん丸。ヴィンテージ風。
滝廉太郎チックになる。

ウェリントン

丸っこいけど下がやや角ばっている。ド定番。

オーバル

だ円。サラリーマンに多し。

スクエア

四角。ムズい。一周回ってアリな人になれば…？

ティアドロップ／ツーブリッジ

やたら最近人気（こればっかし）。マッカーサー風。上に横棒。

ブロー

髪型とかちゃんとやればイイ感じに。ちょい上級者向け!?

二重か一重か、マユの濃い薄い、つり目タレ目、ほお骨、そのあたりをまとめて受け止めて、ぜんぶ太セルメガネが覆い隠してくれます。

やっぱり圧倒的な存在感なので、そっちに人の目がいくんです。

形は好みでいいと思いますが、最初に買うなら**ウェリントン型がベスト**でしょう。セルフレームでいちばんベーシックなフォルムです。

上が少し角ばってて、下が少し丸っこくなってるようなシルエットです。これがもうちょっと丸くなるとボストンになり、さらに丸くなるとオーバル（楕円）やラウンド（丸）に近づいていきます。

逆にウェリントンから角ばっていくと**スクエア**になっていきますが、こっちの方向にいくのはけっこう難易度高いです。

顔の形が長くても丸くても、角ばってても、大きくても小さくてもウェリントンは似合います。チョイスをミスって変に悪目立ちすることもありません。

サイドのテンプルと呼ばれる部分も太めのほうがいいでしょう。横から見える目を隠してくれます。黒がスタンダードですが、べっ甲でもいいし、下半分がクリアになってるフェードと呼ばれるやつなんかも似合えば悪くないと思います。

べっ甲はタイマイというウミガメの甲羅ですが、本物はワシントン条約で現在使用禁止です。

なのでべっ甲風ですね。ビンテージのメガネを探しているとリアルべっ甲に出会えますが、まあそこまでしなくてもいいと思います。高いし。

サイズは２段階ほど用意されているのもけっこうあるので、試着してみるのが一番ですね。あまり大きいとアラレちゃん風になるので、ジャストでいいと思います。

こんなふうに七難隠してくれる太セルメガネですが、**難点もあります**。それは、重い。**いつまでたっても重いものは重いです**。すぐには慣れません。やっぱり耳が痛くなってきます。なので買うときにちゃんとお店で調節してもらいましょう。フィッティングがしっかりしていれば疲れにくい。なのでそういう技術の高いメガネ屋さんで買いましょう。

オススメは恵比寿の**〈コンティニュエ〉**。あとは青山の**〈ブリンク〉**も定番でいいお店だと思います。

ブランドは**〈マックスピティオン〉**の**「マエストロ」**というモデルがかなり調子いいです。もしくは**〈ディプロマット〉**。これらはかなりボリューミーな太セルですが、さらにもっと厚みがあったほうがいいっていう人には**〈ジュリアス・タート・オプティカル〉**の**「FDR」**というモデルはサイドのテンプルがめちゃくちゃボリュームあるので、こういうのが好きな人にはぴったりだと思います。第32代アメリカ合衆国大統領のフランクリン・D・ルーズベルトが使っていた形が原型になってます。普通じゃなくてもっと狙った形がいいっていう人には**〈オ**

リバー・ゴールドスミス〉の「レイ」っていうタイプが気になります。かけてみたいなあと思わせるメガネですね。多分似合わないけれど、かけてみたくなるメガネっていうのはいいなって思いますね。こういうのは出会いというか縁の要素が強いですからね。

いや太いのはイヤだ。どうしても細いフレームのがいいっていう人には、日本発の**〈アヤメ〉**がいいんじゃないですかね。日本人の顔型を熟知してますから。

メガネは慣れの要素がかなり大きいです。

「似合わないから」みたいな意見をよく聞きますが、**初日は笑われても、その日の午後には誰も話題にもしなくなります。**

そんなもんなので、似合う似合わないよりかけたいメガネをかけるべきですよ。

ハットか、キャップか、ニット帽か。かぶり方も大事

帽子かぶっていればなんとかなります。

なぜなら、**帽子こそおしゃれの象徴だから**です。服に興味ない人は帽子なんてかぶりません。髪がパサパサだとどんな服を着ても全然おしゃれにみえません。でも正直けっこう面倒ですよね、ヘアスタイリングって。

とりあえず多めにグリースを手にとって、ガバッと満遍なくぬりたくってオデコだしとけばそれでOKと先に書きましたが、それすら面倒って人多いですよね。

僕も時間のないとき、単純に髪をセットする気がしないとき（これがとくに多い）、なるべく髪につけずにいたいとき（カラダ動かすときとか）には帽子です。

さっきメガネについて触れましたが、**帽子とメガネはめちゃくちゃ相性いい**です。このコンボがあれば大丈夫です。

なんたって頭にのせるだけで完成ですからね。クセ毛とか天パとかで、あまり髪質に自信の

ない人も帽子を味方につけましょう。

髪切るのがめんどくさくてやたら伸びちゃった人にも帽子は効果的です。長めの髪に帽子は雰囲気でますし、サイドの広がりを抑えてくれる役目を果たしてくれます。

年齢を重ねて髪が少なくなってる人にもいいでしょう。**帽子キャラになっちゃえばいいんじゃないですかね。**髪は短く刈り込んで、帽子をかぶっとけば悪くないですよ。

しかも安いじゃないですか帽子って。ちゃんとしたハットはそこそこの値段するけど、それでもこまめに髪切るほうが金額的には高くつきますからね。

こんなふうにラクで、弱点カバーできて、値段も安い。いいことずくめです！

それぞれの帽子についてみてみましょう。

まずは**ハット。**

帽子の中でも上品な部類にはいります。フエルトかストロー素材が大半ですかね。オッサンにとってはわりとハードル高そうな印象を抱くかもしれません。でも無難めなやつを選べば意外と大丈夫なもんです。思い切ってかぶってみましょう。

今っぽさでいえばフエルトのツバやや広めなんでしょうが、**ツバは広ければ広いほど難易度高くなります。**やりすぎるとスナフキン化するので、ツバはほどほどのやつを選ぶべき。狭すぎてもそれはそれで難しいです。まあたくさん試着して、似合うのを見つけましょう。

あとは羽根とか刺繍とか、けっこう装飾されてるタイプのもありますが、**なるたけ何もないほうがいい**。ぐるっと頭をとりまくハット定番のリボンすらないほうがいいです。

「いろいろついてたほうがトクなんじゃ」っていう考えは即座にあらためましょう。ハット自体にかなり存在感があるので、これ以上あるとはっきり言ってトゥーマッチです。ガンバリ感が過剰だと逆効果です。

色は黒、グレー、ベージュあたりが狙い目でしょう。ブランドは**〈キジマタカユキ〉**でOKだと思います。もしくは**〈ブリクストン〉**もいい。ここはとりわけハットのクオリティが高いです。

ハットはコスプレチックにならないように気をつけましょう。

アクの強い帽子なので、あれこれ盛っていくといつのまにかパイレーツオブなんちゃらとか、インディなんちゃらみたくなるんです。「そんなつもりじゃなくて」と言い訳してもそれは周りが決めることですから。

「おしゃれはコスプレでいい」みたいな意見もありますが、僕は反対ですね。

若いならいざ知らず、ある程度の年齢になってコスプレはやめたほうがいいと思います。大人のおしゃれってもっとさりげないものでしょう。**目立てばいいみたいなのはおしゃれとは違**

うし、笑われますよ。頑張りすぎなければコスプレにはなりませんから。

続いて**キャップ**。

いわゆるベースボールキャップですね。

浅くて丸っこいフォルムが最近の流れですが、**これは人を選びます。**

まず小顔でないと厳しい。帽子は必ず試着してみるべきですが、顔が大きいとこの手の浅くて丸いキャップはハマらないと思います。日曜日の場外馬券場みたいになります。

似合う人はぜひ。これが似合えば一番いいです。

コツはすっぽりかぶることです。

変に浮かせたりしないで、つばをやや上向きの角度にして頭を包み込むようにかぶる。目深にかぶると暗い印象を与えてしまいます。犯罪者っぽくなるというか。かぶりかたひとつで印象が全然変わるのです。

ツバを後ろにすることもあると思いますが、そのときは**生え際ギリギリにキャップのキワがくるように。**前でかぶったらイマイチだけど、後ろかぶりにするとやたらいい感じっていう帽子もあります。そういうの多いです。

チープなやつでも「あえて感」が生まれるからいいと思います。メッシュキャップなんてそ

■ オッサンのための帽子のかぶり方講座

おしゃれアイテムの帽子も、モノのチョイスやかぶり方次第で、イケてるオッサンにも、ダサいオッサンにもなります。基本の選び方、かぶり方を押さえておきましょう。

ハットのかぶり方

・素材はストローか、フエルトがいい
・色は黒かグレー、ベージュ
・ツバが広いのが流行っているが、ほどほどのやつを
・コスプレにならないよう、シンプルなものを選ぶ

キャップのかぶり方

・浅くて丸いキャップは小顔の人向け
・変に浮かせたりせず、すっぽりかぶる
・目深にならないよう、デコをガッツリ出す
・安めのキャップであえてのチープ感演出もアリ

ニットキャップのかぶり方

・粗めのローゲージニットがいい
・目立つ色は飽きるのも早い
・もし白が似合うなら選んでみるのも手
・デコをシッカリ出してかぶる

れこそ2000円くらいからありますから。

全然トライしましょう。悩んだら買いでしょうね。


最後に**ニットキャップ**。

これも**デコ出しが既定路線**。

荒く編んであるローゲージのニットキャップのほうがハマります。

緑とか赤とか、ちょっと目立つ色も売ってますが、飽きが来るのも早いのであまりオススメしません。

もっとも、もし**白のニットキャップが似合うなら貴重**です。かなりラッキーなので買っといたほうがいいでしょう。たいがい「ケガ人風」や「メロン風」になっちゃうので。

腕時計はベルトをつけ替えるのも一興

男が腕につける正当なアクセといえば**腕時計の右に出るものはありません**。

何も高級なものを身につけるだけがすべてでもないです。

だって高いですよね。ちゃんとした機械式買える人はもちろんいいですが、奥さんに相談すればあからさまに不機嫌になる確率高いし、黙って買えばいつか値段バレた日にかなり激しく詰められることでしょう。

となるとそこまで高くない腕時計するかっていうことになりますね。

実際、腕時計の世界は偏っていて、機械式ならはっきりいって最低30万は出さないと「なんでそんなん買っちゃったの?」っていう烙印を押されちゃうでしょう。中途半端がほとんどない世界なので。

逆に〝あえて感〟のあるチープな時計ならアリです。さも「機械式も持ってるけど今日はあえてカジュアルなコレにしたから」みたいな顔してられますから。

変にそこそこ高い時計買うくらいならこっちのほうがずっといい。

その代表格はやっぱり**〈Gショック〉**でしょうね。もはや説明不要の圧倒的知名度がありますから、おしゃれ何それおいしいの？　みたいな人まで持ってたりしますね。

Gショックはアリです。ただ、めちゃくちゃモデルが多いので、どれを選べばいいのか悩みますね。

困ったら**「スピードモデル」**にしましょう。最初期にリリースされた超フツーのやつです。

たぶん買うときに「もっと凝ったやつにしたいなあ」みたいな気分になるでしょうが、あとあと「やっぱコレにしといてよかった」ってなる確率が高いので、スピードモデルをおすすめします。

外見はスピードで、電波ソーラーになってるタイプを選べばかなり実用的でしょう。電池交換いらないのはラクです。

あとチープ時計でいえば**〈タイメックス〉**もいいと思います。

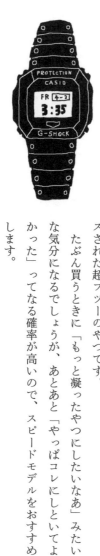

そこはかとなくアメリカ感が漂いますからね。

タイメックスなら**「キャンパー」**、**「サファリ」**、**「アイアンマン」**あたりがいいでしょう。ガンバってない、あえてなチープ感が逆に雰囲気あります。サイズが小さいのもいいんですよね。最近の腕時計は大きいから。

あと、**時計は飽きたらストラップを変えるとまた違った新鮮味がでてきます。**誰でも簡単にできます。バネ棒を外す道具はヨドバシとかで安く売ってます。ストラップ買えばついてくる場合もあります。それこそ迷彩とかにすれば遊び心でますし、定番ストライプのNATOベルトもいいでしょう。

まあ男はアクセの数がすくないぶん、腕時計で楽しむのはすごくまっとうなことなんじゃないですかね。

でも「高級時計に手が出ないのは仕方ない。でも、やっぱりタイメックスとかじゃ納得できないんだあ〜!」という困ったオッサンもいるでしょう。

そんな人には、2つだけ例外の腕時計があります。それを選

びましょう。

ひとつは**〈ユンハンス〉**、もうひとつは**〈ハミルトン〉**です。

どっちもアンダー10万で手に入ります。チープ時計よりは高いけど、**いわゆる高級時計とは違ったベクトルでしっかり認められています**。一目置かれています。

ユンハンスなら**シンプルな手巻きでいいでしょう**。マックス・ビルというバウハウスの工業デザイナーが生み出したモデルが狙い目です。こういうバックボーンは大事です。シンプルだけど背景があるものに男は弱いですからね。これもケースサイズが小さい。最近は40ミリオーバーばかりで、50ミリに近いものも多いですが、ユンハンスの「マックス・ビル」なら36ミリ程度です。**これくらいが日本人の細腕には一番しっくりくる**気がしますがね。極端なデカ厚は似合わないですよ。

よく似たシンプル時計に**〈ノモス〉**っていうのもありますが、こっちはちょっと高い。さらにプラス10万から20万っていう価格帯なので、どうしてもっていうことじゃなければユンハンス

でいいのかなと。ノモスの**「タンジェント」**なんかは惹かれますけどね。

ツラがどうもマジメすぎるんだよなって感じるなら、**〈ハミルトン〉の「ベンチュラ」**はどうでしょう。**プレスリーも愛用**してたし、**世界初の電池式時計**ってことになってますから、ウンチク的にもばっちりです。もっとも他のどの時計とも似ていない超個性派ですから、好き嫌いはあるでしょうね。

ハミルトンなら**「カーキ」**もいい時計です。王冠マークのついた**「カーキキング」**あたりは魅力的ですし、予算が10万ちょいあるなら**「ジャズマスター」のトラベラー**っていう手もあります。ストラップがオーストリッチでいい雰囲気です。ストラップ狙いで買いにいく価値のある腕時計だといえます。

オッサンのための、ガンバらない

バッグ・アクセの極意3か条

□リュックの機動力は頼れる！

□メガネは日本人にベストマッチ

□帽子かぶっておけば何とかなる！

【第7章】

気を抜くな！　意外と見られている

効果てきめん
靴レベルアップ講座

スニーカーはクラシック定番の完全勝利

足元はやっぱり大事です。

でもここで激しい自己主張するのは得策じゃないです。靴ってやっぱり控えめな存在なんで、あまりアピール度が強すぎるとちぐはぐな印象になっちゃいます。

つまり、**スニーカーはベーシックなのがやっぱりいい**ってことです。

靴はかなり進化が止まっているジャンルです。進化といってもテクノロジー的な意味ではなく、ルックスの問題です。ランニングシューズの技術、性能面はすごいのもありますよね。とくにソールのイノベーションはどれもえらいことになってますから。でもかといって、僕らの日常生活にそういうハイテクが求められてるかっていうとちょっと違ってくるでしょう。普段履きにはもっとすっきりしたシューズがいいです。

つまり**クラシックな定番**ですね。日常靴はずっとそこを超えられてません。だから靴はとっても不思議なジャンルです。

具体的なブランド名、モデル名のスタメンをずらっと挙げます。

1番ショート **〈アディダス〉「スーパースター」**
2番セカンド **〈ヴァンズ〉「オールドスクール」**
3番ライト **〈コンバース〉「オールスター」**
4番ファースト **〈ヴァンズ〉「オーセンティック（またはエラ）」**
5番サード **〈コンバース〉「ジャックパーセル」**
6番センター **〈ヴァンズ〉「スリッポン」**
7番レフト **〈プーマ〉「スウェード（またはクライド）」**
8番キャッチャー **〈ニューバランス〉「M1400」**
9番ピッチャー **〈アディダス〉「スタンスミス」**

ハイこれで全部です。

ベンチ入りしてもおかしくない名品モデルはもっとありますよ。**〈アディダス〉「キャンパス」**とか、**〈ナイキ〉「エアフォースワン」**とか**「ダンク」**とか。

でもそのへん挙げていったら際限ないので、あえてここで切りました。終盤に「オールドスクール」に代えて**〈スペリートップサイダー〉**を代打におくってもいいかもしれません。

ナイキが少ないのが意外かもしれません。**「ハラチ」**、**「リフト」**あたりもいい靴だと思いますが、このへんはベンチ入りですね。プロダクトとしてはすごくかっこいいですけれど。**〈リーボック〉の「ポンプフューリー」**もエポックメイキングなすごいシューズだと思いますが、服との相性に左右される部分もあるのでスタメンを外れています。ショーツならバッチリ合うので、まあ代打の切り札的存在でしょう。

〈スペルガ〉もシンプルでいいスニーカーです。でもどこでも買えるわけではないので、やっぱりちょっとスタメンには入れてません。**〈スプリングコート〉**はジョン・レノンが愛用してたなんてオッサン好みのナイスな逸話もありますし、できれば入れたいんですけどね。

こういう名品はあらゆるブランドからひっぱりだこなんで、コラボとかめちゃくちゃやってます。僕はあまり変わったのが好きじゃないんで基本インラインのを履きますが、コラボを狙うのも悪くないと思います。ちょっと違っててもすでにベースの価値が確立してるので、多少いじってあってもその安定感は揺るがないです。

近未来的なデザインでボリューミーなやつは普段着にはあまり合わないと思います。スポーツモードみたいなスタイルになら合いますが、これまでそれほどファッションにこだわってなかった人がいきなりそこにいくのはちょっと無理があるかなと。それでもどうしてもハイテク系を履きたいなら、ショートパンツに合わせましょう。

adidas
SUPER STAR
VANS
OLD SKOOL
CONVERSE
ALL STAR
VANS
AUTHENTIC
CONVERSE
JACK PURCELL
VANS
SLIP ON
PUMA®
SUEDE
new balance
M1400
adidas
STAN SMITH

靴の存在感は少なめでちょうどいい

ゴツめの靴はなるべく避けましょう。やっぱり足元がでかすぎると靴があるいてるみたくなっちゃうので。だから**スニーカーはなるたけ薄っぺらいほうがいい。**ソールもアッパーもペラっとしてて、存在感も薄いほうがいい。

でも、**多少は靴で身長稼ぎたいと思ってる人もけっこういるでしょう。**その気持ちはわかりますが、どうしても全体のバランスが悪くなります。靴がやたら目立ちすぎるというデメリットがあるので。

2、3センチはソールぶんで身長アップするかもしれませんが、それを補って余りある「背を高く見せたがってる感」がチラつくのでよくありません。

しょせん、靴のソールで稼ぐ身長なんてたかがしれてます。そのためにおかしなバランスになってしまっては元も子もないので素直に薄いソールにしときましょう。

女子は厚底のボリューム靴でもいいのでしょうが、男がやるとたんに潔くない感じがしちゃいます。ペタンコの靴で開き直ったほうが全然気持ちいいです。

それでもソールの厚い靴を履きたいのなら、クラークスの「ワラビー」がいい。すでに定番になっているので違和感なく、身長アップが図れるはず。

それでも靴で身長を稼ぎたいんだー！　というガンコな人には**〈クラークス〉の「ワラビー」がいいでしょう。**

ワラビーは昔からの定番で、最近また気になりだしてる人も多いようです。

これはかなりソール厚いです。ワラビーはこういう一風変わった靴だと認知されているので、違和感はありません。

クラークスには他にも**「デザートブーツ」、「デザートトレック」、「ナタリー」**などの名品がズラリ並びますが、身長稼ぎにはワラビーが適任でしょう。

あとはブーツでかせぐか。**〈ウエスコ〉**や**〈ホワイツ〉**などのエンジニアブーツなら5センチくらいアップするでしょう。**〈ダナー〉の「マウンテンライト」**のようなアウトドアブーツだと3、4センチくらいですかね。

抗えないニューバランスの誘惑

履いていて心地いいスニーカーとして、**〈ニューバランス〉**が挙げられます。

もともとは足の具合が悪い人のための矯正靴であったという歴史があるとおり、**とにかく足に負担が少ない靴**なのです。昨今は履いてる人もすごく多いのでご存知だと思いますが、とにかくニューバランスの靴はラク。楽チンすぎます。

まるで足に吸いつくように包み込んでくれます。

しかしこれにハマりすぎると**他の靴をいっさい履きたくなくなるという恐ろしい魔力**をはらんでいます。まわりにそういうゾンビみたいな人をたくさん見てきているので間違いないです。

ここの靴は他のローテク靴にくらべていささかボリュームあるにもかかわらず、デニムにもチノにもショートパンツにも合いますからね。確かに貴重な存在なのはわかります。

なので、意図的に他の靴もローテーションさせて、呪いにかからないように自分で努力するべきでしょう。

あのNマークが苦手っていう人も結構いると思います。確かにドーンとでかいですし、リフ

レクターになってるモデルなんて暗闇でめちゃくちゃ主張しちゃいますからね。

そういう人は**「１７００」**というモデルを選ぶのも手です。Ｎマークがかなり小さくなっていて刺繍です。闇夜のリフレクタートラップがありません。

さらに「１７００」はめちゃくちゃはきやすい。**「１４００」**もいいですが、「１７００」ははき心地だけでいえばそれ以上かもしれません。驚愕のフィット感です。

ただし弱点もあります。

それは、高いこと。**スニーカーで３万円以上します。**これはけっこうなハードルといえるでしょう。呪いにかかりまくってる人もおいそれとは手を出しにくいプライスだと思います。ニューバランスは安めのやつだって十分ラクですからね。

結論としては、**ニューバランスはときどき履くのが一番。**コーディネートに合わせてシューズを選ぶ楽しみもありますからね。１ブランドに固定だとちょっともったいないかもしれませんね。何事もほどほどに、ってことでしょう。

スポサンは歩きやすくて蒸れ知らず

昔はサンダルといえばビーサンで、歩きにくいし疲れるものでしたが、**ストラップでかかとまで固定できるスポーツサンダル**が登場して以来、一気に夏の足元の主役に躍り出た感がありますね。

それも納得です。

涼しい、蒸れないっていうビーサンの良さを保ちながら、スニーカーのようにちゃんと歩ける。日本の夏は湿度高くて不快だから、こういう靴が重宝されるのも当然でしょう。

代表的なのを挙げるとすれば**〈テバ〉**、**〈チャコ〉**、**〈キーン〉**あたりでしょう。

ほかにも**〈スイコック〉**とか**〈シャカ〉**とかいろいろありますが、とりあえずまずは前出の3つを押さえておけば問題ないと思います。

どれにするのがいいか。

これはもう好みですね。

ただ、それぞれの中で履くべきモデルはあります。

〈テバ〉なら「ハリケーン」が定番ですが、個人的なオススメは**「アルプ」**。

「ハリケーン」ももちろんいいサンダルですが履いてる人がめちゃくちゃ多いので、ちょっとカブってしまうかも。

そこへいくと「アルプ」はもともとは90年代にリリースされていて近年復刻されたモデルです。だから**履いてる人もそこまで多くないし、人とカブらないです。**

アルプは一つひとつのストラップが細いのでシュッとした感じがあります。カジュアルになりすぎを避けたいときに、スポサンでこういう効果があるのは貴重です。

〈チャコ〉なら「Z1」でいいと思います。

これがブランドの代表作です。

ストラップを引っ張れば全体がギュッと締まるのでフィット感がかなりあります。

いろんなブランドが別注をかけているので、黒のZ1

だとフツーすぎるっていう人はそういうのを選ぶのも手だと思います。**〈ピルグリム〉と一緒にやっているやつはすごくいい感じ**でした。

Ｚ１は**ソールがビブラムなのでなかなかすり減らない**のも強みです。やっぱり街歩きに使っているとアスファルトとの摩擦でけっこうソールって減りますよね。チャコもまあ減ることは減りますが、ビブラムゆえかなり減りが遅いです。これはかなりデカいです。僕の知人は大学生の頃から約20年これを履き続けていますが、全然ソール減ってないそうです。

丁寧に履けばそうとう長持ちするってことでしょうね。

そういうほうがいいですよ。長く愛用するってことが一番のエコでしょうから。

どんどんゴミになっちゃうものは地球にやさしくないです。見た目的にもシンプルで、飽きがこず、ロン

グライフデザインとはまさにこういうことをいうのでしょう。

3つめは〈**キーン**〉です。ラインナップの数はとにかく豊富で、めちゃくちゃいろんな色や柄があります。

スポサンというよりつっかけサンダルの部類でしょうが**「ヨギ」っていうモデルは個性的。**これも普段さらっと履くときかなり重宝します。コンビニ行くときとか。ヨギはいろんな人やブランドとコラボしてるので選びがいがあります。さらにグラフィックが乗せやすいデザインなので、遊びの利いたおもしろいやつを選ぶのが楽しい。ここは合わせ方とか面倒なことは考えず、直感で選びましょう。

キーンのスポサンは**「ユニーク」という編み込みのモデルがブレイク**しています。ほぼスニーカー感覚でいけるので疲れ知らずです。

全米屈指のエコタウン、ポートランド生まれのブランドなので**自然保護、環境意識が高い**です。常にエコを考えろとまではいいませんが、まあある程度は大人の責任として頭の片隅に置いておいたほうがいいでしょう。

「ニューポート」というモデルを履いて川の浅瀬に入っていったり、砂浜を走ったりできるのもいいですね。そういう遊びがファッションより優先されて、アイテムはあくまでその人の生き方のサポート役っていう関係性が、オッサンのおしゃれとして目指すところだと思いますね。

そんなふうに楽しく生きるために、**遊び志向のスポサンは足元としてはすごくナイスなチョイス**ってわけです。**自由の象徴みたいなもの**、といったら大げさでしょうか。

革靴ならパラブーツのシャンボード

ここまでカジュアルなスニーカーやサンダルについて取り上げてきましたが、**もうちょっときっちりした靴がいいって人もいる**でしょう。

確かに、ラフすぎる靴はあまり買わないって人っていますよね。まあそれもわかります。よっぽどユルい会社でない限り休日専用機になっちゃいますからね。

とはいえちょっとくだけたくらいのスタイルなら大丈夫な会社もかなり増えてきて、ガッチガチのマジメ靴でなくてもOKなんだけど、まあ**ジャケパンくらいのカッコに違和感なく合わせたい**、っていう要望はこのところ急増してますね。

靴だけでなく、カバンだってちょっと前までは「え、スーツにリュック、ありえないでしょ」っていう風潮でした。でもここ数年はどのブランドもこぞってビジネスリュックとしても使える3ウェイとか出してきてる。今は背負って出勤できる自転車通勤がイケてるってことになってますから。

一部のお堅い会社をのぞいて、かなりゆるくなってきているんでしょう。清潔感はもちろん大切ですが、そのあたりを守っていればほどよいドレスダウンは許される傾向にあるようです。まあそのほうがいいですよね。自由度がなさすぎるのは没個性の極みでしょう。学ランじゃないんだから、自分の意思で着る服くらい選びたいものです。それも自己プロデュースの一環です。めんどくさいからってそこから目を背けるのは自分に対してあまりに無責任というものです。

で、靴です。

くだけたビジネスっていうことなら、やっぱり革靴でしょう。

でもビジネス一直線なプレーントゥなら週末に履けません。そういった意味で、まずパッと思い浮かぶのは〈**パラブーツ**〉です。

なかでも「**シャンボード**」は使い勝手のいいUチップです。一見フツーの靴なんですが、見れば見るほど気になってくる。いかに完成されたフォルムなのかがわかってきます。**上品さとラフ感のバランスが絶妙**です。ジャケパンにも合うし、休日デニムにもばっちりです。ショーツに合わせてもいいし、**あらゆるパンツに合う稀有な靴**です。

黒がスタンダードですが、ブラウンやネイビーもいい。よりカジュアル度が強まるので、自分が履くシチュエーションをイメージして決めましょう。

「シャンボード」よりもうちょっとカジュアル寄りでいきたいっていう人は、**「ミカエル」**というチロリアンシューズをチェックしてみてください。けっこう珍しいですね。でも履いてみるとそんなに突飛な感じはしません。

アッパーにアザラシの毛がついてるバージョンも有名で、「ミカエル」だったら絶対こっちという人も多いです。ただ合わせやすさは全面レザーのほうでしょう。まあ正直、ハラコっぽいほうはビジネスにはきついので、カジュアルオンリーですね。

「シャンボード」も「ミカエル」もソールがしっかりしてるので信頼できます。ノルウェイジャン製法で作られていて、減ったら全ソールまるごと交換できます。だから**アッパーにオイルを染み込ませて丁寧にメンテすれば一生もの**です。自分の足型に馴染んでどんどんアジが出てきます。

あとは〈**オールデン**〉も間違いないチョイスです。カーフレザーもいいですが、**やっぱりオールデンならコードバンを選びたい**ところです。

コードバンとは馬の尻のごく一部をつかった素材です。ツヤが普通の牛革とは全然違います。ただもうこのコードバンをなめすことができる工場が限られてきて、実質アメリカのホーウィン社と姫路の新喜皮革という2社しかないといわれています（こまかいとこならもういくつかあるみたいですけど）。今はかなり貴重な素材です。とにかく1頭からとれる量がとても少ないのです。

オールデンならやっぱりこの美しいコードバンを選びたいところです。

ただ、この**コードバンはとても水に弱いので、不意に雨が降ってきたら履き替えないといけません。**粘って履き続けていると変なシワが寄ってしまってとれません。そうでなくても最初に履いたときにつくシワがその

後の靴の方向性を決めるので、最初にボールペンを使ってシワを入れる位置を決めたりします。とまあ、ちょっとめんどくさい靴ではあります。

でも、やっぱり誰が見ても超いい靴です。10万を超えますが、その価値はありますね。

もっと高い**〈エドワード・グリーン〉**や**〈ジョン・ロブ〉**あたりももちろんすごくいいですが、いかんせんちょっと渋すぎです。真の金持ちはひけらかさないのでそういう選択になるのでしょうが、まあ我らオッサンが大枚叩くなら「ああ、買ってよかった」と思える何かが欲しいというのもうなずけます。

あといいのは**〈トリッカーズ〉**ですね。

ブローグの効いた**「カントリーブーツ」**が定番です。このブランドにもコードバンありますが、まあカーフでいいんじゃないですかね。コードバンならオールデンにすべきと思います。

ンにすべきと思います。

トリッカーズはブーツ以外では、**「バートン」というラインのスウェード短靴がいい**と思います。このへんが刺さるオッサンは多いんじゃないですかね。これぞ上品なカジュアルシューズといった趣です。

ふつうのベージュ以外にも、ライトブルーとかもすごくいい。チノやスラックスの裾は短めに設定して、くるぶしを見せましょう。トップスはシャツでもいいし、Gジャンとかでもいい感じにまとまります。セットアップのジャケットでももちろんハマります。

決して安い買い物ではないですが、高いからこそメンテしながら長く履こうと思える。それがひいては節約につながるという考え方もあります。**前提として革は高いものです。**それがイヤなら革靴でなくスニーカーやサンダル中心でいくべきでしょう。

おしゃれは足下から、は本当か

よく言われる**「おしゃれは足元から」**について。

これについては合ってる部分もあり、合ってない部分もあるでしょう。

まず、合ってる部分。

やっぱり**靴がヒドイと全体にかなりもったいない感じになっちゃう**と思いますね。

いい感じに服をまとめていても、やっぱりオッサンにとってのセンスってあくまでシンプルなものだと思うんですよ。いや、シンプルだとちょっとニュアンス違うかな。「やたら飾らない」っていったほうが近いかも。

そうなると、靴がたとえば変テコだと、もうその人のイメージがそっちに引っ張られちゃう。

靴は意外とその人がどういう人かを決定づけるパワーを秘めてますから。

たとえば**〈ドクターマーチン〉**とか**〈ジョージコックス〉**を履いていたら**「ああこの人はロック好きなんだろうな」**みたいなイメージを抱いたりする。

こんなふうにけっこうその人のパーソナルな部分と靴は結びつけて考えられることが多いで

す。なので、目立たないけれど意外とメッセージ性のあるアイテムということは覚えておきましょう。

かといって「おしゃれは足元から」といえない面もあるでしょう。このキャッチフレーズにやたらとらわれて過剰に意識しすぎるのは得策じゃないとも思います。

この章で挙げたいくつかの要点さえ押さえておけば、あとは全然自由だと思います。

ラクに履けて、動きやすくて、見た目もいい。

それ以上求めることはないです。

見栄のために靴を選ぶことイコール「おしゃれは足元から」みたいな感じになると、ファッションが重荷になってくるんじゃないですかね。「へーすごい靴履いてるね」くらいは言われるかもしれないけど、結局背伸びして靴選んでもせいぜい得られるのはそれくらいです。

そこを変に頑張るより、オッサンにはもっと他にやることがあるでしょう。ファッションにだけかまけすぎてるオッサンはけっこうイタイものです。

そうではなく、**自分の目で判断し、着たいものを着る。**これこそが確たる芯のあるオッサンのあるべき姿であり、カッコよく見えてくるものなんじゃないでしょうか。

オッサンのための、ガンバらない

靴の極意３か条

□スニーカーはド定番が強し！

□スポサンでとことん遊ぼう

□カジュアル寄りの革靴は使える！

おわりに

さて、いろいろ長きにわたってお伝えしてきましたが、つまるところ言いたいのは**「自分が着たいものを着て、やりたいことをやり、楽しく生きよう」**ってことです。

着たくもない等身大じゃない服をモテたいがために買ってみたりするのはもうやめましょう。生き方にもファッションにも正解はありません。あるとすれば「自分に正直に」ってことでしょう。

だってたとえば**昼ゴハンだって、基本は食べたいものから選ぶでしょう。**

ただ、そこにカロリーだったり、脂分だったり、値段だったり、いくつかの要素も絡んでくる。そのうえで**いかに納得できる昼飯を食うか**。そういうプラスアルファの部分を服に置き換えたのが本書です。やっぱりベースにあるのは、着たい服を楽しく着る。これが大前提です。

この本を読んでいるオッサンはだいたい30代中盤から50代ってとこでしょうから、そう考えると、あとせいぜい40年くらいしか生きられません。

さらに体力的な面を考えると思う存分動けるのはせいぜい30年てとこでしょう。30年のうち、3分の1は寝てるわけだから、実質20年です。**あとわずかです。時間がない。**

そう考えると、世間体だとかいうつまらないものを気にしてる時間はありませんし、おいしいものを後回しにしておく余裕もありません。中華丼のウズラを最後にとっておくべきではないのです。最初に食べないと、ウズラを食えずに人生終わってしまうかもしれないのです。

だから今の自分のココロとカラダに正直にやりたいことをやり、着たいものを着ましょう。そのほうが絶対トクです。楽しく遊べる時間は長くはないのだから。**そういう自分らしい生き方をまずして、その実現のために好きな服を気持ちよく着る。**この順番が人生を豊かにしてくれると思うのです。

最後に、本書を出すにあたって大変お世話になった編集の権田さん、そしてこれまで何かと力を貸していただいたファッション関係のみなさんにこの場を借りて感謝申し上げます。ありがとうございました。

藤巻英治

著者紹介

藤巻英治（ふじまき・えいじ）

1973年神奈川県生まれ。明治大学政経学部卒。ファッション誌編集者としてキャリアを重ね、メンズファッション・ライフスタイル誌『FINEBOYS』『Fine』等の編集長を約10年つとめたのち独立。現在はフリーエディター、ライターとして紙、ウェブ問わずさまざまなメディアに携わっており、ファッションのみならずアウトドア、スポーツ、カルチャーなど扱うジャンルは多岐に及ぶ。東京・雑司が谷で毎週火・水・木曜のみ展開するカフェ『SPROUT brunch』のディレクションもおこなうなど幅広く活動中。

ガンバらないからカッコいい

35歳からのおしゃれ術

平成30年5月22日　第1刷

著　者　藤巻英治

発行人　山田有司

発行所　株式会社　彩図社
東京都豊島区南大塚3-24-4
MTビル　〒170-0005
TEL：03-5985-8213　FAX：03-5985-8224

印刷所　シナノ印刷株式会社

URL http://www.saiz.co.jp Twitter https://twitter.com/saiz_sha

ISBN978-4-8013-0298-3 C0077